憲法と生きた戦後〜施行70年
―定点観測者としての通信社―

Japan's Postwar Constitution: 70th Anniversary
― A news agency as eyewitness ―

公益財団法人 新聞通信調査会
Japan Press Research Institute

開催にあたって

　日本国憲法が施行されてから今年の5月3日で70年になります。この間、世界各地で朝鮮戦争、ベトナム戦争、アフガニスタン戦争、中東戦争、イラク戦争、シリア内戦など、領土獲得を目指す激しい国家間の争いやイデオロギー・宗教対立に基づく血なまぐさい戦いが相次ぐ中で、私たち日本は幸運にも、外敵の侵入など大きな試練を一度も受けることなく、安心で安全な平和国家として生きてこられたことを心から感謝せざるを得ません。これも太平洋戦争の敗戦という貴重な経験から学びとった国民一人ひとりの平和への熱い思いと新憲法の平和主義のもとで官民一体となって国家の建設・運営に当たってきた賜物といえます。

　来年はまた、明治維新から数えて150年になります。戦前、戦中、それに終戦までの期間が「明治憲法」の時代だったとすれば、終戦から昭和の残り期間と平成の今日までは「昭和憲法」の時代に当たります。終戦直後、中学校の社会科授業で、公布されたばかりの日本国憲法について、国民主権、基本的人権、平和主義が新憲法の三つの基本理念、と教えられた世代の一人である私にとって、これは戦後の混乱期の貧しい生活の中にあっても絶対見失ってはならない崇高な理想と映りました。日本政府がマッカーサーからの示唆で、憲法問題調査委員会を設置、本格的に改正作業に乗り出したのが1945年10月25日。その後、何度も改正を繰り返し、1946年10月7日、衆院で憲法改正案を可決成立、同年11月3日公布、47年5月3日施行、という憲法制定の歴史はそのまま、日本の新しい時代の始まりの歴史でもありました。

　私たちは今、平和な時代にあるといっても、それがいつまでも続く保証はありません。昨年6月の英国のEU（欧州連合）離脱と同年11月の米大統領選でのトランプ氏の当選はほとんどの人の予想を覆すものでした。もはやこれまでの常識的な判断や見方では時代の変化を読むことができなくなったということです。まさにこのような時だからこそ、基本的人権を尊重し、平和主義に基礎を置く昭和憲法制定の歴史を振り返り、憲法の在り方を考え直してみる時といえます。

　本写真展では、この70年間を6つの時代・テーマに分け、それぞれの時代相を象徴する関連写真を選んで展示しました。当時の状況を少しでも身近に感じていただければ幸いです。写真展の企画、設営に当たっては共同通信社の全面的なご協力をいただいたほか、個々の写真の選定では、写真選定委員会の皆さまから多くのアドバイスを頂戴しました。この場を借りて改めて関係者の皆さまに深くお礼申しあげます。

公益財団法人 新聞通信調査会
理事長　長谷川和明

On This Photo Exhibition

The postwar Japanese Constitution marks the 70th anniversary on May 3 this year since its implementation. During this period, there have been bloody wars over territorial disputes as well as ideological and religious confrontations, including those in Vietnam, Afghanistan, the Middle East and Iraq, and civil war in Syria. But Japan has luckily been spared major challenges like foreign invasion, and cannot help but appreciate having been a secure, safe and peaceful country. Japan has achieved the feat by capitalizing on the passionate desire for peace of every Japanese individual stemming from the valuable lessons learned from defeat in World War II, as well as on the fruits of nation-building and management by joint public-private efforts under the pacifist Constitution.

The year 2018 marks the 150th anniversary of the Meiji Restoration that paved the way for Japan to become a modern nation. Japan was under the Constitution of the Empire of Japan, popularly known as the Meiji Constitution, before, during and until the end of World War II, and has been in an era of the Showa Constitution since the war in the remaining Showa era and the current Heisei era. Immediately after the war, I was a member of the generation that learned the new Constitution's three basic principles– the sovereignty of the people, respect for fundamental human rights and pacifism– during our social studies class in junior high school. They appeared to be high ideals that we should not lose sight of even when Japan was in the middle of postwar confusion and the people were poor. On Oct. 25, 1945, the Japanese government established the Constitutional Problems Investigation Committee under advice from Gen. Douglas MacArthur, supreme commander of the Allied Powers. After various modifications, a revised Constitution sailed through the House of Representatives and was enacted on Oct. 7, 1946. The postwar Constitution was promulgated on Nov. 3 and took effect on May 3, 1947, heralding the start of a new era in Japan.

We Japanese live in an era of peace but there is no guarantee that this will last indefinitely. Britain's decision to leave the European Union in June last year and Donald Trump's victory in the U.S. presidential election in November overturned widely held expectations. Both results show we cannot depend on conventional judgments and views to perceive ongoing changes. Now is a good time to recall the history of the postwar Constitution based on respect for fundamental human rights and pacifism, and reassess the supreme law.

This photo exhibition divides the 70 postwar years into six eras and themes, and displays photos symbolizing the respective eras. The Japan Press Research Institute hopes the photos will strongly evoke these eras for the viewer. It has obtained the full cooperation of Kyodo News in planning and holding the exhibition, and received advice from members of the Photo Selection Board. We greatly appreciate their cooperation.

Kazuaki Hasegawa
Chairman
Japan Press Research Institute

目次 / Content

図版 / Plates

5 —— 1章　「再起」〜終戦から新しい憲法制定へ　［1945-49］
　　　　　　"Recovery" – From end of World War II to new Constitution

23 —— 特集　「ここで憲法が生まれた」
　　　　　　"Birthplace of Constitution"

31 —— 2章　「平和」〜自衛隊発足と安保闘争　［1950-1960］
　　　　　　"Peace" – Birth of Self-Defense Forces & struggle over new security treaty

49 —— 3章　「成長」〜高度経済成長の時代と憲法を巡る課題　［1960-1988］
　　　　　　"Growth" – Era of rapid economic growth & challenges surrounding Constitution

65 —— 4章　「転期」〜冷戦終結と国際社会の流動化　［1989-2001］
　　　　　　"Turning Point" – From end of Cold War to turbulent world

81 —— 5章　「漂流」〜米中枢同時テロと本格化する自衛隊海外派遣　［2001-2006］
　　　　　　"Adrift" – Terror attacks on U.S. & full-scale overseas deployment of SDF

89 —— 6章　「模索」〜憲法施行70年と改正の議論　［2006-2017］
　　　　　　"In Search" – Constitution's 70th anniversary & debate on constitutional revision

111 —— 日本国憲法全文

116 —— Birthplace of Constitution

118 —— Chronology and Commentary on Chapters

123 —— Caption

［凡例］
・2017年の憲法施行70年にあたり、制定から今日までの憲法関連の主要な出来事を、年代順に6章に分けて紹介する。
・写真番号は年代順に付したが、図版の配列は出来事の関連性やまとまりを配慮しつつ行った。

1章 「再起」～終戦から新しい憲法制定へ
Chapter 1 "Recovery"–From end of World War II to new Constitution

　1945年夏、太平洋戦争に敗れた日本は復興に向けて立ち上がり、国家の基礎となる新しい憲法の制定作業が始まった。政府は45年10月に憲法問題調査委員会を設置して検討作業に着手した。

　しかし日本を占領した連合国軍総司令部（GHQ）のマッカーサー最高司令官は、同委員会の「憲法改正試案」に不満を示し、46年2月、「天皇制維持」「戦争放棄」「封建制度廃止」の「憲法改正3原則」を示してGHQに改憲草案の作成を指示。9日間で起草されたGHQ草案が日本政府に手渡された。

　政府はGHQ草案を参考に新たな政府案を作成し、6月に「大日本帝国憲法」（明治憲法）の改正案として帝国議会に提出。国会審議の過程で修正が加えられた上、46年10月7日に成立した。

　11月3日に公布され、47年5月3日に施行された新しい「日本国憲法」は(1)国民主権(2)基本的人権の尊重(3)平和主義―の3つの基本理念を掲げた。昭和天皇は46年1月に「人間宣言」を行い、大日本帝国憲法で「国を統治する」とされた天皇は、新憲法では「日本国の象徴」となった。

　新憲法の公布と施行の日には記念式典が開かれ、多くの国民が歓迎した。施行に当たって憲法普及会が全国の家庭に配布した小冊子『新しい憲法　明るい生活』は「われわれは平和の旗をかかげて、民主主義のいしずえの上に、文化の香り高い祖国を築きあげてゆかなければならない」と呼び掛けている。

1945年	8月15日	昭和天皇が戦争終結の詔書を放送（玉音放送）
	9月2日	重光葵外相が米艦・ミズーリ号上で降伏文書に調印
	27日	昭和天皇が連合国軍総司令部（GHQ）のマッカーサー最高司令官と会談
	10月4日	マッカーサーが近衛文麿元首相に憲法改正を示唆
	11日	マッカーサーが幣原喜重郎首相との会談で「憲法の自由主義化」に言及
	25日	政府が憲法問題調査委員会を設置
1946年	1月1日	昭和天皇の神格を否定する詔書、いわゆる「人間宣言」発布
	24日	幣原首相・マッカーサー会談。「戦争放棄」議論か
	2月1日	毎日新聞が憲法問題調査委員会の憲法改正試案を報道
	3日	マッカーサーがGHQ内に憲法改正3原則を提示
	13日	GHQが吉田茂外相らにGHQ草案を手渡す
	19日	昭和天皇が神奈川県から地方巡幸を開始
	3月6日	政府が「憲法改正草案要綱」を発表
	4月10日	20歳以上の男女に選挙権が与えられた初めての衆院選実施。初の女性議員39人が誕生
	4月17日	政府が「憲法改正草案」を発表
	5月3日	極東国際軍事裁判（東京裁判）が開廷
	6月20日	政府が帝国議会に憲法改正案を提出
	10月7日	憲法改正案が修正の上、衆院で可決・成立
	11月3日	日本国憲法公布。皇居前広場で記念式典
	12月1日	憲法普及会設立。後に小冊子『新しい憲法　明るい生活』を作成、配布
1947年	3月31日	教育基本法施行
	5月3日	日本国憲法施行
	5月20日	新憲法下での第1回国会召集
1948年	11月12日	東京裁判で東条英機元首相らA級戦犯に有罪判決

（海外の事項は現地時間）

1 太平洋戦争の降伏文書調印

1945年9月2日、報道陣や乗組員が見守る中、連合国に対する降伏文書調印のため東京湾に停泊する米戦艦ミズーリに到着した重光葵全権以下の日本代表団(中央)(米国防総省提供)

2 昭和天皇がマッカーサーと会見

1945年9月27日、東京・赤坂の米大使館を訪れ、連合国軍総司令部(GHQ)最高司令官のマッカーサー(左)と会見した昭和天皇。約1カ月後の10月25日にはマッカーサーによる大日本帝国憲法の改正示唆を受け、幣原喜重郎内閣が、憲法問題調査委員会を設置した。

5 東京・新橋駅前の闇市

1946年2月5日、終戦から約半年。食料や衣料などを求め東京・新橋駅前の「青空市場」
(闇市)に、復員兵やもんぺ姿の女性ら飢えた人々が群がった。深刻な物不足に加え、
急激なインフレが人々を苦しめた。悪質な露天商がはびこり、犯罪の温床でもあった。

9　買い出し列車で農村へ

　1946年8月、満員の買い出し列車に乗り込み、暑苦しい客車を尻目に機関車の先端に陣取った人たち。前年11月、政府は生鮮食料品の公定価格を撤廃、インフレが加速した。しかも、同年は大凶作。庶民は農村に物々交換で買い出しに行くか、闇市に頼るしか飢えをしのぐ道はなかった。

4　幣原首相がマッカーサー訪問

1945年10月11日、連合国軍総司令部（GHQ）のマッカーサー最高司令官を訪問する幣原喜重郎首相。憲法9条については、GHQが草案を作る際、マッカーサーが示した3原則が出発点とされている。戦争放棄と戦力を持たないこと、交戦権がないことが記されていた。マッカーサー自身は後年にまとめた回想記で、当時の幣原首相から提案があり「腰が抜けるほど驚いた」と振り返っているが、記述の信頼性に疑問を投げ掛ける意見もある。誰が発案したのか、現在でも決定的な証拠はない＝東京・連合国軍総司令部前

6　日本政府が憲法改正草案要綱を発表

1946年3月6日、政府の憲法改正草案要綱を発表する楢橋渡内閣書記官長。連合国軍総司令部（GHQ）のマッカーサー最高司令官による大日本帝国憲法の改正示唆を受けて45年10月、日本政府は憲法問題調査委員会を設置、松本烝治国務相を委員長に改正要綱をまとめたが、GHQは評価せず、結局、GHQ民政局を中心にまとめた草案を基に政府の改正草案要綱が作成された。

7 女性が初めて投票

1946年4月10日、衆院選投票のため東京の四谷区役所(四谷区は47年3月淀橋区、牛込区と統合し現在の新宿区に)の投票所を訪れた女性たち。選挙法の改正で初めて女性に選挙権が与えられた。

10 日本国憲法成立

1946年10月7日、一部修正された憲法改正案を可決した衆院本会議。大日本帝国憲法の改正として圧倒的多数の賛成により日本国憲法が成立した。

12 昭和天皇が日本国憲法に署名
1946年10月30日、日本国憲法に署名する昭和天皇＝皇居・表御座所

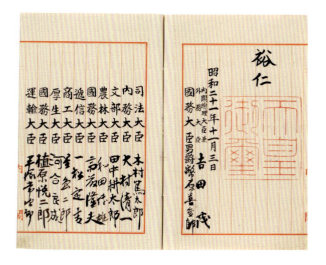

13 日本国憲法の原本（国立公文書館蔵）

14 祝賀の「日の丸」作り
1946年11月1日、東京の麹町国民学校の児童によって進められる新憲法公布祝賀の「日の丸」作り。

15 憲法公布行事でにぎわう東京・銀座
1946年11月3日、新憲法公布の行事でにぎわう東京・銀座の4丁目交差点付近。

11 昭和天皇が地方巡幸
1946年10月22日、昭和天皇が「地方巡幸」で名古屋市を訪問した。同年1月に「人間宣言」した象徴天皇を一目見ようと人々が押し寄せ、警備も追いつかないほどだった。昭和天皇は戦災に遭った国民を励ますため、46年2月から地方巡幸を始め、51年までに沖縄を除く各都府県を訪れたが、津軽海峡に機雷が残っている恐れがあったため最後の北海道への訪問は54年にようやく実現した＝名古屋市役所前

8 東京裁判のA級戦犯

1946年6月13日、第2次世界大戦で勝利した連合国側が、日本の指導者の戦争責任を裁いた極東国際軍事裁判（東京裁判）で、検察側提出の地図を見るA級戦犯として起訴された被告たち（右側の2列）。48年11月に判決があり、途中死亡者ら3人を除く25人全員に有罪が言い渡され、東条英機元首相ら7人が絞首刑、16人が終身禁錮刑、2人が有期禁錮刑となった。戦勝国による報復との批判も根強い＝東京・市谷の旧陸軍士官学校講堂

17 貴族院の歴史に終止符

1947年3月31日、衆院解散で新憲法による総選挙が行われるため貴族院は停会となり、議場を出る議員。貴族院は大日本帝国憲法下で衆院とともに立法府を構成した。成年に達した皇族男子と30歳以上の公爵、侯爵、天皇が任命する勅選議員、各府県の多額納税者の中から互選する多額納税者議員などから構成され、国民代表的性格をほとんど持たなかった。

18 国会議事堂に参議院の看板

1947年5月3日、国民主権と平和国家建設をうたった日本国憲法が施行された。二院制の国会には、大日本帝国憲法下の帝国議会の貴族院に代わって、公選で議員を選ぶ参院が誕生、国会議事堂の入り口に真新しい看板が掛けられた。

19　憲法施行式典で万歳に応える昭和天皇
　1947年5月3日、皇居前広場で行われた新憲法施行記念式典で、傘を差して万歳に応える昭和天皇。

21　憲法祝賀の花電車
　1947年5月4日、東京・神田須田町付近を走る都電の花電車。新憲法施行の記念祝賀行事は全国各地で催された。

23　第1回国会の昭和天皇
　1947年6月23日、新憲法の下での最初の国会である第1回国会の開会式で「お言葉」を述べる昭和天皇。天皇はそれまでの「朕」に代わり自らを「わたくし」と呼称した。

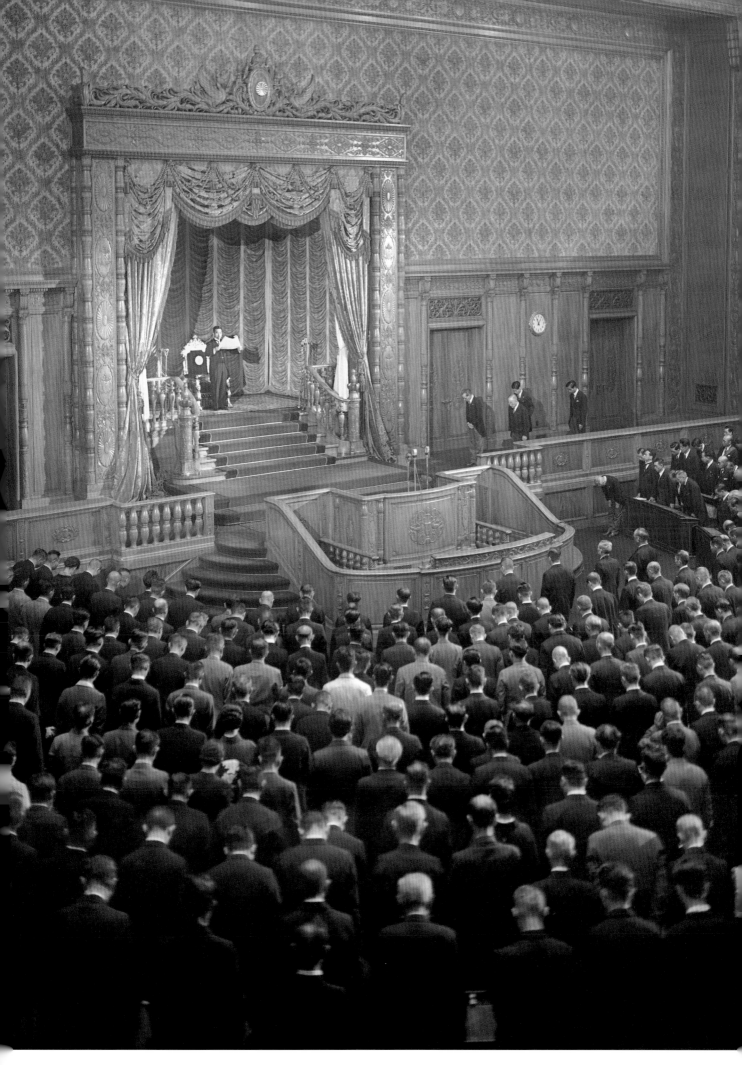

3 戦後使われた墨塗りの教科書
　東京都北区の東書文庫に展示されている墨塗りの教科書。終戦後、連合国軍総司令部(GHQ)は、教育から軍国主義排除を図り、従来の教科書で不適切とされる記述を墨で塗らせて使用させた。

22 男女共学で裁縫
　1947年5月22日、金沢市内の小学校で裁縫を習う男女児童。この年施行された教育基本法により公立学校は男女共学が原則になった。民主的な家庭を築くための教科として「家庭科」が創設された。教育基本法は憲法との関連が強く意識されており、憲法に示された理念の実現は基本的に教育の力によると記載されている。

16 憲法普及の街頭講演会

1947年3月17日、東京・新宿駅前で開かれた憲法普及の街頭講演会。

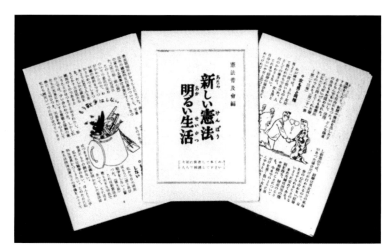

20 憲法普及の小冊子を全国の家庭に配布

1947年5月3日の新憲法施行に合わせて配布された小冊子『新しい憲法 明るい生活』。国会と政府が新憲法普及のために設けた「憲法普及会」が作成、2千万部を全国の家庭に配布した。「古い因習を大幅に改める」として新しい家族制度の理念を説いている。

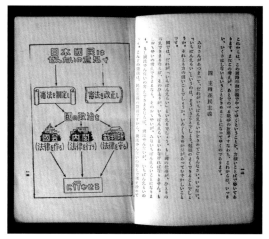

憲法の社会科教科書

文部省(現文部科学省)が1947年に発行した中学1年生用の社会科教科書『あたらしい憲法のはなし』。その後50年には副読本に格下げされ、52年からは発行されなくなった。

24　11宮家が皇籍離脱

　1947年10月13日、皇室会議は14宮家のうち11宮家51人の皇族の皇籍離脱を決定した。皇族として残ったのは昭和天皇家と弟の秩父、高松、三笠の3宮家だけ。連合国軍総司令部（GHQ）の意向だった。宮家を離れた旧皇族は同月18日、東京・赤坂離宮で開かれたお別れの夕食会に出席した。

特集 「ここで憲法が生まれた」
Birthplace of Constitution

日本国憲法が施行されてから2017年5月3日で70年。制定にゆかりのある場所を訪ね、戦後日本の基軸が生まれた過程をたどる。

1―マッカーサー執務室　　絶大な権力、制定主導／皇居近く、基本方針示す

　約54平方メートルの部屋に1畳分ほどのテーブルと肘掛け椅子。占領下の日本で絶大な権力を握った連合国軍総司令部（GHQ）最高司令官マッカーサーの執務室だ。この部屋から占領政策を指揮し、憲法制定も主導した。

　GHQは1945年9月、皇居南東に位置する第一生命館を接収し、6階の社長室を最高司令官用にした。マッカーサーは東京・赤坂の米国大使公邸から出勤し、昼食と昼寝のためにいったん戻り、再び出勤する、という日々を送った。

　マッカーサーは当初、日本側に改憲を促す形を取った。10月、元首相の近衛文麿と会談して「憲法は改正を要する」と伝え、近衛は内大臣府御用掛として作業に取りかかった。続く首相幣原喜重郎との会談でも「憲法の自由主義化」に言及。内閣に憲法問題調査委員会が設置された。

　しかし、同委員会の作った改正案を46年2月1日に毎日新聞がスクープし「あまりに保守的、現状維持的」と批判。3日、マッカーサーは戦争放棄や封建制度廃止など改正の基本方針となる3原則を示し、GHQ草案の作成が始まった。

　マッカーサーは回想記で「（同委員会改正案は）旧態依然たるもの、あるいは改悪とさえ思われるものだった」とし、部下に「日本側に援助と助言を与えるよう指示した」と振り返った。

　第一生命館は90年代に改修されたが、この部屋はほぼ当時のまま残された。2015年、3年ぶりに6日間限定で一般公開され約2700人が訪れた。（肩書は当時、敬称略）

マッカーサー（ACME）

GHQ最高司令官マッカーサーの執務室跡＝東京・有楽町の第一生命日比谷本店

Caption: Gen. Douglas MacArthur (left) worked in this room in the Dai-Ichi Life Insurance headquarters in Tokyo as supreme commander for the Allied Powers after World War II. The photo was taken on Sept. 20, 2016.

2―近衛文麿らの作業場所　"解任"された元首相／箱根の旅館で学者と議論

神奈川県箱根町宮ノ下にある「奈良屋旅館」の一室が、元首相近衛文麿らの作業場所だった。

1945年10月4日、連合国軍総司令部(GHQ)最高司令官マッカーサーが近衛との会談で憲法改正の必要性に触れ、自由主義的要素を取り入れなければならないと述べた。近衛は内大臣府御用掛として、憲法学者佐々木惣一やその助手の磯崎辰五郎らとともに調査の作業に取り組んだ。

奈良屋旅館には佐々木らが泊まり込み、近くに別荘があった近衛も連日議論に加わったという。

ところが、GHQは11月1日、近衛の調査に関知しないとの趣旨を発表した。背景には、近衛の戦争責任を問う国内外の世論があった。近衛はマッカーサーに"解任"された形になった。

近衛は作業を続け、11月22日に天皇大権の制限や臣民の自由の尊重など、GHQの意向を考慮した改正要綱を天皇に奉答したが、その運命は暗転する。GHQは12月6日、近衛の逮捕を日本政府に指示。戦犯として裁かれることを拒んだ近衛は、16日に東京都杉並区の自宅で服毒自殺した。

奈良屋旅館は江戸中期創業。明治天皇や勝海舟が宿泊したほか、元首相岸信介ら政財界人も愛用した。2000年に国の有形文化財に登録されたが、01年に資金繰りに行き詰まり閉館。取り壊され、跡地にリゾートホテルが建つ。(肩書は当時、敬称略)

近衛文麿

「奈良屋旅館」の跡地にあるリゾートホテル＝神奈川県箱根町

Caption (left): Former Prime Minister Fumimaro Konoe
Caption (right): The former Naraya Ryokan inn in Hakone, Kanagawa Prefecture, was replaced by a resort hotel, as seen in this photo taken on Oct. 14, 2016.

3―鈴木安蔵の自宅跡　民間草案、GHQに影響／東京・世田谷、在野学者

　うずたかく本が積まれた2階の書斎で、紫煙をくゆらせながら机に向かった。民間の「憲法研究会」の中心メンバーで、在野の憲法研究者だった鈴木安蔵の自宅は東京都世田谷区下馬にあった。鈴木は1945年11〜12月、憲法改正案の起草に取り組んでいた。

　「民間で憲法制定の準備をする必要があるから、君は専門だし、ぜひやるように」。10月下旬、大原社会問題研究所所長で後にNHK会長になった高野岩三郎に声を掛けられたのがきっかけだ。研究会は鈴木、高野のほか、社会思想家で後に文相を務めた森戸辰男らがメンバーで11月に発足。週に1度の会合で内容を練り上げていった。

　完成した憲法草案要綱は12月下旬、連合国軍総司令部（GHQ）に届けられ、内部で「著しく自由主義的」と評価される。「統治権は国民より発す」として天皇の統治権を否定し、国民主権の原則を打ち出すとともに、幅広い人権規定を含んでおり、GHQ草案に影響を与えたとされる。

　鈴木は京都大の学生時代、マルクス主義に傾倒し、治安維持法で逮捕された。獄中で憲法研究を志し、出獄後に本格的な学究生活に入った。

　鈴木を主人公にした映画が2007年に公開され、その足跡が改めて注目されている。自宅跡に住む孫の川井信矢は「改憲論議が活発になる中、祖父に脚光が当たるのはうれしい」と話した。（肩書は当時、敬称略）

鈴木安蔵

憲法研究者の鈴木安蔵氏の自宅跡＝東京都世田谷区

Caption: The former residence of constitution scholar Yasuzo Suzuki (shown left) in Tokyo's Setagaya Ward, as seen in this photo taken on Oct. 17, 2016.

4―松本烝治の別荘　商法学者、3日で私案作り／鎌倉の洋館、改正要綱に

　1945年の大みそか、国務相の松本烝治は神奈川県鎌倉市鎌倉山の別荘に車で向かった。幣原喜重郎内閣が設けた憲法問題調査委員会の委員長で、商法の第一人者。委員会で議論を重ねた後に「これは自分で起草するのほかはない」（本人の回想）として、洋風の別荘で46年の元日から3日夜までかけて私案を書き上げた。

　これに先立つ45年10月11日、幣原と会談した連合国軍総司令部（GHQ）最高司令官マッカーサーは「憲法の自由主義化」に触れた。元首相近衛文麿らによる調査も進んでいた中、幣原内閣は競うように同月25日に調査委員会を設置した。

　12月8日の帝国議会で、松本は天皇の統治権総攬の堅持など松本4原則として知られる改正の基本方針を示した。

　松本の私案は、最終的に「憲法改正要綱」となり、46年2月8日にGHQに提出された。「政府案」とも呼ばれたが、基本的人権の保障が限定されるなど明治憲法の枠組みをほぼ維持していたために拒否され、その場でGHQ草案を手渡される。「自信家」とも評された松本は、追加の説明資料の提出などで抵抗したものの、GHQの同意は得られなかった。

　松本の別荘はGHQによる接収を経て、69年ごろからは別の日本人家族が住んでいる。居間兼食堂だった部屋には円弧状に張り出した窓があり、かつてのしゃれた雰囲気を色濃く残す。（肩書は当時、敬称略）

松本烝治

政府の憲法改正草案を作った松本烝治国務相の別荘の一室＝神奈川県鎌倉市

Caption: A room in a villa in Kamakura, Kanagawa Prefecture, of State Minister Joji Matsumoto (shown left) who drafted a revised Constitution, as seen in this photo taken in September 2016.

5―GHQの作業部屋　約25人が起草進める／会議室、9日間で完成

　東京・有楽町の第一生命保険が入るビル(旧第一生命館)の6階に、約130人を収容できる会議室がある。連合国軍総司令部(GHQ)が1946年2月、9日間で憲法改正草案を起草した作業の中心となった場所だ。作業班は女性を含む約25人だった。

　同じ階の最高司令官マッカーサーの執務室は今も保存されているが、会議室は場所をそのままに改修され、当時の面影はない。日常的に第一生命の会議で使われている。

　GHQの起草で重要な役割を担ったのが、民政局長ホイットニーだ。大日本帝国憲法をベースにした幣原喜重郎内閣の憲法問題調査委員会の改正案を、46年2月1日に毎日新聞が報道。ホイットニーは同日、占領管理に関する連合国の最高機関「極東委員会」が政策決定をする前の今なら、GHQに改正権限があると説明するマッカーサー宛ての文書を作った。

　マッカーサーが改正の3原則を示した翌日の4日、ホイットニーは民政局行政部職員に起草の指示を出す。弁護士経験のある民政局次長ケーディスが中心となり、立法権、行政権、司法権、人権など八つの委員会に分かれて作業を進めた。

　10日夜、草案がマッカーサーに手渡され、修正を経て12日に完成。13日に日本政府に提示される。ある女性スタッフは「ビル最上階に簡易食堂があり、そこでサンドイッチの立ち食いなどをしながら夜も白々となる頃まで働いた」と回想した。
（肩書は当時、敬称略）

コートニー・ホイットニー
（ライフ提供・ゲッティ）

GHQ会議室跡。現在は会議室として使用されている＝東京・有楽町の第一生命日比谷本店

Caption (left): Courtney Whitney, head of GHQ's Government Section (Life / Getty Images)
Caption (right): A former conference room of the General Headquarters of the Allied Powers (GHQ) is used as a meeting room of the Dai-Ichi Life Insurance headquarters in Tokyo, as seen in this photo taken in September 2016.

6 ― 外相公邸跡　GHQ案に日本側あぜん／吉田茂が居住、今は記念碑

　大きなガラス窓から暖かな陽光が差し込んでいた。1946年2月13日、東京・麻布の外相公邸。日本家屋の1階南側にある部屋で、連合国軍総司令部（GHQ）民政局長のホイットニーら4人は、作成した憲法改正草案を外相吉田茂や国務相松本烝治に手渡した。GHQ側の記録は「（吉田らは）あぜんとした」と伝えている。

　日本側は、この日にGHQから草案が出てくるとは予想していなかった。松本が委員長を務める内閣の憲法問題調査委員会がまとめた政府案を5日前にGHQに提出しており、それに対する見解が示される場だと考えていたからだ。

　草案を渡すとともに、政府案を「受け入れられない」と突っぱねたホイットニーは、30分ほど庭に出て、吉田らにGHQ草案を読む時間を与えた。草案は天皇を象徴とし、戦争放棄をうたうなど政府案とは大きく異なる内容だった。

　部屋に戻った後、ホイットニーは連合国内に天皇の戦争責任を追及する意見があることを踏まえ「天皇を守るための案だ。日本民衆の要望に合うものと信じる」との趣旨の説明をした。会談は1時間ほどで終わった。

　外相公邸は戦前から社会福祉活動をしてきた「原田積善会」の事務所だったが、戦後に政府が借り上げ、当時は吉田が住んでいた。2001年にビルに建て替えられ、「日本国憲法草案審議の地」との記念碑が残されている。（肩書は当時、敬称略）

吉田　茂

外相公邸跡に建てられた「日本国憲法草案審議の地」の記念碑＝東京都港区

7―衆院本会議場　　焼け野原の中で審議／改正案成立、重要な修正も

「改正憲法の最大の特色は戦争放棄を宣言したことだ」。1946年8月24日、衆院本会議場。憲法改正のための特別委員会委員長を務める芦田均が演説をしていた。

「これこそ数千万の人命を犠牲とした大戦争を体験して、万人が待ち望んだところであり、世界平和への大道だ」。委員長報告を終えると、議員らから大きな拍手が湧いた。国会議事堂周辺はまだ焼け野原が広がっていた。

これに先立つ6月25日に政府が上程した改正案は、特別委員会に付託され、さらに修正案を作るための小委員会が置かれた。後に首相となる芦田が双方の委員長に就任。当時の日記に「厚生大臣や国務大臣であるより張り合いのある仕事である」と意気込みを記した。小委員会の非公開の議論は7月25日から8月20日の間に13回行われた。

戦争放棄をうたう9条の後段に「前項の目的を達するため」との文言を挿入したことで、自衛力保持を可能にしたともされる「芦田修正」のほか、国民主権の明記、生存権規定の追加など、戦後社会に大きな影響を及ぼす修正がなされた。

10月7日、衆院本会議で修正案が圧倒的多数で可決され、成立。当初40日だった会期は延長を重ね、114日に及んだ。

衆院本会議場は一部修繕を重ねながら、70年前そのままの姿で、論戦を見守り続けている。（肩書は当時、敬称略）

芦田　均

衆院本会議場

Caption (left): Former Prime Minister Hitoshi Ashida
Caption (right): The House of Representatives in a plenary session approved legislation on amending the Constitution, which was enacted into law on Oct. 7, 1946.

8―皇居前広場　　秋晴れの下、10万人の熱気／祝賀大会、国民は歓迎

　秋晴れの皇居前広場が、10万人以上の人々の熱気に包まれた。大きなアーチや紅白幕が飾られ、吹奏楽団の演奏が響く。1946年11月3日、日本国憲法が公布され、皇居前広場では、祝賀の都民大会が開かれた。

　国民と相携えて自由と平和を愛する文化国家の建設に努める―。昭和天皇はこの日、大会に先立って開かれた貴族院本会議場の式典で憲法公布の勅語を朗読。その天皇が馬車に乗って皇居前広場に現れると、群衆から「万歳」との声が次々に上がった。都内中心部はバスや都電を増便するほどの人出だったという。

　敗戦から立ち上がろうとした人々は新たな憲法に希望を見いだしていた。国会審議前の46年5月、毎日新聞は政府の憲法草案について男女約2千人を対象にした世論調査の結果を掲載。戦争放棄の条項を必要としたのは70%、象徴天皇制を支持したのは85%で、「大多数の支持を得た」と位置付けている。

　公布の日の夜、首相吉田茂はラジオで国民に語り掛けた。「この憲法は、日本国民が選んだ代表者を通じて確定した、言い換えれば国民の自由に表明した意思による憲法である」

　戦後間もない占領下では、米独立記念日のパレードが行われた一方で、メーデーのデモの舞台にもなった皇居前広場。現在、集会などは禁止され、外国人観光客やランナーが行き交う。(肩書は当時、敬称略)

1946年11月3日、皇居前広場で開かれた日本国憲法の公布を祝う都民大会で、集まった人たちに応える昭和天皇と香淳皇后

外国人観光客らが行き交う皇居前広場

Caption (top): Emperor Hirohito and Empress Nagako greet a huge crowd of people who gathered in the Imperial Palace Plaza on Nov. 3, 1946, to celebrate the promulgation of the postwar Japanese Constitution.
Caption (bottom): Foreign tourists walk around the Imperial Palace grounds near the Double Bridge on Oct. 18, 2016.

2章「平和」〜自衛隊発足と新安保闘争
Chapter 2 "Peace"– Birth of Self-Defense Forces & struggle over new security treaty

　戦争によって焦土と化した日本は、新憲法の前文で「日本国民は、恒久の平和を念願し」と表明、9条は「戦争の放棄」と「陸海空軍その他の戦力の不保持」を明記し、「平和主義」を基本理念の1つに掲げた。

　しかし1950年6月に朝鮮戦争が勃発すると、連合国軍総司令部(GHQ)は日本政府に警察予備隊の創設を指示。日本は51年9月にサンフランシスコ講和条約に調印、同時に日米安全保障条約も締結した。52年、主権を回復。米国(西側)とソ連(東側)による東西対立の中、日本は西側陣営に加わり、警察予備隊は52年10月、保安隊に改編され、54年7月にはさらに保安隊は改編され、自衛隊として発足した。「再軍備」は憲法論争を招き、「自衛隊は9条違反か」の議論は今に続く。

　55年に保守合同で誕生した自民党は「自主憲法制定」を掲げ、鳩山一郎内閣は政府内に憲法調査会を設置。57年に就任した岸信介首相は憲法改正に意欲を示した。しかし日米新安保条約の国会採決を強行した岸内閣に対し、国会を取り巻く連日のデモなど激しい抗議運動が起き、60年6月、新安保条約発効を機に岸首相は退陣に追い込まれた。

1950年	6月25日	朝鮮戦争勃発
	8月10日	警察予備隊創設
1951年	5月8日	チャタレイ裁判第1回公判
	9月8日	サンフランシスコ講和条約と日米安全保障条約に調印
	12月18日	三越労組がストライキ
1952年	4月28日	サンフランシスコ講和条約、日米安保条約が発効
	10月15日	警察予備隊を改編した武装部隊「保安隊」発足
1954年	6月13日	近江絹糸紡績(現オーミケンシ)で無期限スト
	7月1日	防衛庁設置、保安隊を自衛隊に改編
1955年	9月13日	砂川闘争始まる
	10月13日	左右社会党が統一
	11月15日	保守合同で自由民主党結成。「自主憲法制定」を掲げる
1956年	6月11日	鳩山一郎内閣が政府内に「憲法調査会」を設置
	12月18日	日本、国連に加盟
1957年	2月25日	岸信介内閣発足
	7月8日	在日米軍立川飛行場の拡張に反対し、測量阻止を求めて基地内に入った住民が逮捕される(砂川事件)
1959年	3月30日	東京地裁は砂川事件で駐留米軍は違憲と判決(伊達判決)
	4月10日	皇太子(現在の天皇)と正田美智子さん(現在の皇后)結婚
	12月16日	最高裁は「統治行為論」を採用し、砂川事件の伊達判決を破棄、差し戻す
1960年	1月19日	日米新安保条約調印、日米行政協定を日米地位協定に改正し調印
	5月20日	衆院で新安保条約を強行採決。連日、国会を取り巻くデモ
	6月15日	全学連主流派が国会に突入し、東大生の樺美智子さんが死亡
	6月19日	新安保条約と関連協定は参院の議決がないまま午前0時、自然成立
	6月23日	新安保条約が発効。岸首相が退陣表明

(海外の事項は現地時間)

26　朝鮮戦争で戦火から逃れる避難民

1950年12月4日、朝鮮半島北西部を流れる大同江に架かる破壊された橋にしがみついて戦火から逃れようとする避難民。同年6月25日、朝鮮戦争が勃発、朝鮮半島全域が戦場となった。韓国と北朝鮮が米ソ対立を背景に衝突し、韓国は米軍を主体とする国連軍、北朝鮮は中国人民志願軍の支援を受け、国際紛争に発展した。53年7月27日、国連軍、北朝鮮の朝鮮人民軍、中国人民志願軍の3者は休戦協定を結んだ（AP）

25　警察予備隊員採用の身体検査

1950年8月17日、東京・中野の警察学校で行われた警察予備隊の隊員採用試験の身体検査。同月10日に警察予備隊令が公布、施行された。在日米軍の多くが朝鮮戦争に出兵する中、連合国軍総司令部（GHQ）が吉田茂首相に創設を命じた。活動は警察任務の範囲内とされたが、実際は軍事組織で、保安隊を経て54年には自衛隊に衣替えされた。

27　吉田首相がダレス米特使と会談

1951年1月29日、対日講和に向け米国のダレス特使が来日し、吉田茂首相と東京・日本橋の三井本館で会談した。この後も複数回会談を重ね、日本の独立と主権を認める対日講和条約の協議に加え、米軍に基地を提供する日米安全保障条約の骨子が固められた。三井本館は連合国軍総司令部（GHQ）の外交局として接収されていた。

29 吉田首相が日米安保条約に署名

　1951年9月8日、サンフランシスコ郊外プレシディオの米第6軍司令部で日米安全保障条約に署名する吉田茂首相。後ろは確認する米首席全権のアチソン国務長官(右)とダレス全権(中)。吉田首相はその日、第2次世界大戦を正式に終結させ、日本の主権を回復させる対日講和条約にも署名した。対日講和条約の調印式はサンフランシスコの華やかなオペラハウスで行われたが、日米安保条約の調印が行われたのは第6軍司令部基地内の下士官クラブだった。両条約とも翌52年4月に発効した(米陸軍撮影、英文説明を付け現地から東京に電送された画像)

30 主権回復祝い銀座に日の丸

　1951年9月8日、サンフランシスコで第2次世界大戦を正式に終結させる対日講和条約の調印式が行われたのに合わせ、東京・銀座など国内各地では主権回復を祝って日の丸が掲げられた＝東京・銀座4丁目

31 「三越にはストもございます」

1951年12月18日、老舗百貨店三越の労組は日本橋、銀座、新宿の3店で48時間ストライキに突入した。百貨店史上初のストで、「三越にはストもございます」と話題に。新憲法施行下で労働争議が多発、三越でも従業員の解雇をめぐり労使が対立していた＝東京・銀座4丁目

34　紡績工場労組が人権無視に抗議行動

1954年6月13日、近江絹糸紡績(現オーミケンシ)彦根工場で抗議行動をする労働組合員。労組は「結婚の自由を認めよ」「信書を開封するな」「仏教の強制をやめろ」などの要求を掲げ6月4日、無期限ストに突入した。同社は農村子女を多数採用、人権無視の労務管理を行っていた。100日を超す争議の末に労組側の訴えが通った。

28　(写真左)チャタレイ裁判被告席の伊藤整氏

1951年5月8日、英作家D・H・ロレンスの小説『チャタレイ夫人の恋人』を翻訳した作家の伊藤整と版元である小山書店の小山久二郎社長が、わいせつ物頒布罪に問われて起訴された。第1回公判の被告席で起立する伊藤氏(右)と小山氏。

(写真右)チャタレイ裁判傍聴の坂口安吾氏

第1回公判の傍聴席に着く(前列左から)作家の坂口安吾、舟橋聖一、青野季吉の各氏。一審の東京地裁は芸術性を重視し伊藤氏は無罪、小山氏は有罪とした。東京高裁は2人とも有罪とした。最高裁は1957年3月、性行為の非公然性と性秩序維持の必要性を強調、和訳がわいせつ文書に当たると判断して上告を棄却、伊藤、小山氏ともに有罪が確定した。その後、社会の性意識は変化し、96年、完訳が出版された。

33　保安隊戦車の行進

　　1953年1月22日、警察予備隊を改組して52年10月に発足した保安隊のM24戦車16台が群馬、埼玉両県を初行進した。部隊の所在する群馬県多野郡新町（現高崎市）からの全行程69㌔に及ぶ長距離訓練で、ごう音と砂ぼこりの戦車隊は沿道の人々を驚かせた。M24は米軍から供与された。保安隊は54年、自衛隊に移行した。

32　保安隊発足祝い行進

　　1952年10月15日、保安隊の発足を祝い、東京・晴海通りを行進する隊員。警察予備隊が改組された保安隊は地上兵力11万人、海上7600人、航空機120機、艦艇68隻の「戦力」だった。

35　自衛隊旗などお披露目

1954年6月26日、自衛隊発足を前にお披露目された自衛隊旗（左）と自衛艦旗。手前は木村篤太郎保安庁長官（左）が書き上げた「防衛庁」と「防衛大学校」の看板。自衛艦旗は旧日本海軍の軍艦旗と同じデザインだったため、議論を呼んだ＝東京都江東区越中島

36　自衛隊発足の記念行事

1954年7月1日、防衛庁と陸海空の3自衛隊が発足した。東京都江東区越中島では自衛隊発足の記念行事が行われ、隊員らが行進した。越中島一帯には防衛庁や統合幕僚会議、陸海空3自衛隊の幕僚監部などが置かれた。

38　砂川闘争

1955年9月13日、東京都砂川町(現立川市)で米軍立川基地拡張のための測量が始まり、反対派住民と警官が激しく衝突した。反対運動の激化で流血事件が繰り返され、米軍は福生市などに位置する横田基地に移駐した。57年7月8日の測量の際、基地内に入ったデモ隊のうち7人が刑事特別法違反として起訴された。砂川事件は、憲法と日米安全保障条約の関係が法廷で正面から問われる契機となった。

37 新党結成に向け鳩山邸で会談

1954年9月19日、自由党と改進党のメンバーが反吉田茂首相の新党結成に向けて会談。東京都文京区音羽の鳩山邸に集まる（左から）石橋湛山、鳩山一郎、岸信介、三木武吉、重光葵、松村謙三の各氏。11月に日本民主党が生まれ、12月には鳩山内閣が成立。翌55年、日本民主党と自由党との「保守合同」により自由民主党が誕生した。

39 社会党左右両派が再統一
1955年10月13日、社会党統一大会で左右両派の再統一が決まり、翌14日未明に万歳する代議員ら。再統一後は護憲、平和、安保反対を掲げた＝東京・神田の共立講堂

40 保守合同で自由民主党が誕生
1955年11月15日、東京・神田の中央大学講堂で自由党と日本民主党の保守合同による自由民主党の結成大会が開かれた。自由民主党は「自主憲法制定」などを党是とした。当初は総裁を置かず、鳩山一郎ら4人の総裁代行委員による集団指導体制を導入した。

42 皇太子ご夫妻が馬車でパレード

1959年4月10日、皇太子ご夫妻(現天皇、皇后両陛下)の結婚パレードを一目見ようと沿道を埋めた人々。パレードの模様はテレビ中継され、全国民がテレビに見入った=東京・四谷三丁目

41 皇太子さまと美智子さまが結婚

1959年4月10日、結婚の一連の儀式を終え宮内庁正面玄関を出られる皇太子さまと美智子さま(現天皇、皇后両陛下)。美智子さま(旧姓正田)は初の一般家庭出身の皇太子妃。

45　岸首相が新安保調印のため羽田出発

1960年1月16日、ワシントンでの日米新安保条約調印のため羽田空港を出発する(左から)岸信介首相、藤山愛一郎外相、石井光次郎自民党総務会長。羽田空港の国際線ロビーは前夜から新安保条約に反対する全学連にバリケードで"占拠"されるなど混乱が続いた。

46　社会党議員を排除し新安保条約を強行採決

1960年5月19日、衆院の清瀬一郎議長(中央・演壇)は警官500人を国会内に入れ、廊下に座り込んだ社会党議員らを排除した上、自民党単独で会期延長を強行採決。20日午前0時すぎ、日米新安保条約を一気に可決した。

47　デモ隊が国会を包囲

1960年6月18日、日米新安保条約の自然成立前日には反対運動が頂点に達し、国会は学生や労働者のデモ隊に包囲された。安保闘争には革新勢力のほか学者や文化人も参加し、全国各地で反対運動が行われた。岸信介首相は記者会見でデモ隊について「私は国民の『声なき声』に耳を傾けている。いまは『声ある声』だけだ」と強調。自然成立時に首相官邸にこもった岸氏は後に「国会の周りはデモでナニしていたけれども、後楽園球場では数万の人が野球を楽しんでいた。銀座通りには若い男女が手をつないで歩いていた」と語っている。

43　水俣で漁民が抗議

1959年10月、工場の排水で漁場を奪われ生活苦に追い込まれた漁民が、補償を要求して熊本県水俣市の新日本窒素肥料（現チッソ）水俣工場に乱入、警官隊と衝突してけが人多数を出した。工場がメチル水銀を含む排水を海に流し、汚染された魚介類を食べた住民らが手足のしびれや視野狭窄などの症状を発症した。高度経済成長期に発生した「四大公害病」のひとつ「水俣病」であった。

44　砂川事件で最高裁が一審判決破棄

1959年12月16日、砂川事件の上告審判決公判で最高裁は「日米安全保障条約は高度の政治性を有し裁判所の審査になじまない」との「統治行為論」を採用し、「駐留米軍は違憲」とした一審東京地裁の「伊達判決」の破棄を言い渡した。

3章「成長」〜高度経済成長の時代と憲法を巡る課題
Chapter 3 "Growth"– Era of rapid economic growth & challenges surrounding Constitution

　岸信介首相の後を継いだ池田勇人首相は「所得倍増計画」を打ち出し、経済重視の政治への転換を鮮明にした。高度経済成長の時代に入った日本は1964年、東京五輪を開催し、復興を世界にアピールする。東海道新幹線も同年、開通した。佐藤栄作首相は72年、沖縄返還を実現。「日本列島改造論」を掲げた田中角栄首相は同年、日中共同声明を発表し、国交を回復した。

　経済成長の一方で憲法改正の議論は下火となるが、水俣病や四日市ぜんそくなど「生存権」に関わる公害の発生や、表現の自由、政教分離、国政選挙の「1票の格差」など憲法を巡る課題が問われるようになったのもこの時代だ。中曽根康弘首相は85年、第2次世界大戦のA級戦犯を合祀した靖国神社に公式参拝し、中国や韓国の反発を招いた。

　日米間では78年に自衛隊と米軍の協力を定めた「日米防衛協力指針（ガイドライン）」が決定され、中曽根首相は83年の訪米の際「日米は運命共同体」「日本列島は不沈空母」などと発言し、「日米同盟を基軸」とする外交・安全保障方針を明確にした。

1960年	7月19日	池田勇人内閣発足。「所得倍増計画」を打ち出す
	10月19日	生活保護の支給内容は憲法25条（生存権）などに違反すると訴えた裁判（朝日訴訟）で東京地裁が保護基準は違法と判決
1963年	3月1日	昭和の巌窟王、冤罪はらす
1964年	10月1日	東海道新幹線開通
	10日	東京五輪開幕
	11月9日	佐藤栄作内閣発足
1965年	6月12日	家永三郎東京教育大教授が教科書検定を違憲として提訴（以降、3次にわたり提訴）
1967年	4月21日	佐藤首相が「武器輸出三3原則」を言明
1970年	3月14日	大阪万博が開幕
	31日	赤軍派による日航機よど号ハイジャック事件
	11月25日	作家の三島由紀夫が「楯の会」メンバーと東京・市谷の自衛隊市ヶ谷駐屯地に乱入、憲法改正のためのクーデターを呼び掛けた後、割腹自殺
1971年	5月14日	津市が地鎮祭に公費を支出したのは違憲と名古屋高裁が判決（最高裁は77年に合憲判決）
1972年	2月19日	連合赤軍による「あさま山荘事件」
	5月15日	沖縄返還
	7月7日	「日本列島改造論」を掲げた田中角栄内閣発足
	9月29日	日中が共同声明を発表し、国交回復
1973年	4月4日	最高裁は尊属殺人に重罰を科す刑法の規定は違憲と判決
	10月6日	第4次中東戦争勃発で第1次石油ショック
1975年	8月15日	三木武夫首相が現職首相として初めて終戦記念日に靖国神社参拝
	11月21日	昭和天皇が最後の靖国神社参拝
1976年	4月14日	最高裁が72年衆院選の「1票の格差」を違憲と判決
	7月27日	東京地検が田中前首相を逮捕
1978年	10月17日	靖国神社が東条英機元首相らA級戦犯を合祀
	11月27日	日米両政府が有事の際の自衛隊と米軍の協力を定めた防衛協力指針（ガイドライン）決定
1982年	11月27日	中曽根康弘内閣発足
1983年	1月18日	中曽根首相が日米首脳会談で「日米は運命共同体」と言明。米ワシントン・ポスト紙記者に「日本列島は不沈空母」と発言
1985年	7月17日	最高裁が83年衆院選の「1票の格差」を違憲と判決
	8月15日	中曽根首相が靖国神社を公式参拝
1987年	4月1日	国鉄分割、民営化

（海外の事項は現地時間）

48　池田首相が所得倍増計画

1961年1月1日、東京・明治神宮を初詣に訪れた池田勇人首相。60年12月には、70年までの10年間に国民総生産（GNP）を倍増させることを目標とした「国民所得倍増計画」が閣議決定された。この後、日本は高度経済成長路線をひた走ることに。

50　新幹線「ひかり1号」出発

1964年10月1日、東京駅19番線ホームで行われた東海道新幹線の出発式で、夢の超特急「ひかり1号」のテープカットをする石田礼助国鉄総裁（壇上）。東京と新大阪を0系車両（12両編成）が4時間で結んだ。国鉄は87年4月1日に分割、民営化された。

51　東京五輪で聖火点火

1964年10月10日、東京五輪開会式で、観客と選手が見守る中、点火された聖火。東京大会で日本は金銀銅合わせて29個のメダルを獲得、大会期間中、日本は五輪一色に包まれた＝国立競技場

49 昭和の巌窟王、冤罪晴らす

1963年3月1日、名古屋市千種区の名古屋高地裁官舎で、合掌して小林登一裁判長（右）にお礼を述べる吉田石松さん。1913年の強盗殺人事件で有罪となり22年間服役したが、一貫して無実を主張、「昭和の巌窟王」と呼ばれた。前日、当時83歳の吉田さんに名古屋高裁が無罪判決。小林裁判長は共犯の証言を偽証と認定し「先輩の過ちをわびる」と異例の謝罪をした。

52　朝日訴訟で最高裁判決

1967年5月24日、朝日茂さんの遺影とバラの花を手に最高裁に入る養子の健二さんと君子さん夫妻。病気療養中の朝日さんが憲法25条(生存権)などに基づき57年、生活保護の支給基準が低すぎると国を訴えた。東京地裁は60年、生活保護の日用品費は低額で違法とする判決を言い渡したが、二審で逆転敗訴。この日最高裁は「上告人朝日茂の死亡によって終了した」と訴訟終了の判決を言い渡した。ただ訴訟は保護基準の問題をクローズアップさせ、その後の大幅な改善につながった。

53　32年に及んだ家永教科書裁判

1967年6月12日、都内の自宅で激励の手紙や寄せ書きを手にする家永三郎東京教育大(現筑波大)教授。家永教授が高校日本史教科書の検定不合格処分の取り消しを求めた訴訟で、70年7月、東京地裁は違憲判決を言い渡した。教育権は国でなく国民に属するとした画期的内容だった。しかし国は控訴、最高裁は原判決を破棄差し戻し、家永氏の敗訴が確定した。家永氏は3次にわたって提訴し、3次訴訟の上告審で97年8月、最高裁は、検定自体は合憲としながらも個別の検定意見を違法と認定し、国に損害賠償を命じた。65年の初提訴から終結まで32年を要した。

54 「沖縄デー」で首都大混乱

1969年4月28日、「沖縄デー」のこの日、沖縄の即時返還を訴えるゲバ棒・ヘルメット姿の学生と群集が東京・数寄屋橋から銀座4丁目にかけての通りを埋め尽くした。東京では革新政党や労働組合の中央集会が開かれたが、参加を拒否された反日共系の学生らが警官と衝突し大荒れとなった。東京－新橋駅間の国鉄線路が占拠され、新幹線や近距離電車が全面ストップ、約千人が逮捕された

55 大阪万博に6400万人

1970年9月5日、会期末を控え大勢の人たちでにぎわう大阪万博会場。世界77カ国が参加した大阪万博は3月14日に開幕、9月13日まで183日間の会期中に約6400万人が入場した。中央は岡本太郎氏がデザインした「太陽の塔」＝大阪府吹田市

56 三島由紀夫が憲法改正で決起呼び掛け

1970年11月25日、作家の三島由紀夫が東京・市谷の自衛隊市ケ谷駐屯地で割腹自殺した。「楯の会」会員4人とともに東部方面総監を人質に取り、2階バルコニーから自衛隊員に憲法改正に向け決起するよう呼び掛けた後、総監室に戻り自決した。楯の会会員1人も続いた。

58 沖縄返還協定に調印

1971年6月17日、首相官邸で沖縄返還協定文書を交換する愛知揆一外相（右）とアーミン・マイヤー駐日米大使。佐藤栄作首相とニクソン米大統領との会談で実現した沖縄返還協定には、米軍用地の原状回復補償費を米国が支払うと明記されたが、一方で400万㌦を日本が負担するとの密約が交わされた。沖縄の施政権返還では世論の反発を恐れ、合意内容を秘密扱いにする手法が繰り返され、複数の密約が交わされた。

59 佐藤首相が機密保護法必要と答弁

1972年4月8日、参院予算委員会で沖縄返還協定に絡む外務省機密漏えい事件が取り上げられ、佐藤栄作首相は「機密保護法制定は必要」と答弁、野党などの猛反発に遭った。

60 復帰後も変わらない沖縄米軍基地

1972年5月、沖縄の米軍基地に隣接する畑で農作業をする人たち。5月15日、沖縄の施政権は日本に返還され、沖縄は本土復帰に沸いたが、米軍基地が集中する状態はその後も続いた。

57 津地鎮祭訴訟で違憲判決

1971年5月14日、「政教分離」が問われた津地鎮祭訴訟の控訴審判決が名古屋高裁で行われ、津市体育館の神式起工式（地鎮祭）に伴う公費支出について違憲とした。最高裁は77年、この判決を覆し合憲とした。

64 72年衆院選「1票の格差」は違憲

1976年4月14日、1票の価値に最大4.99倍の格差があった72年の衆院選について千葉1区の有権者が、議員定数の不均等は憲法違反と訴えていた上告審で、最高裁は「違憲」判断を下した。写真は記者会見する市川房枝参院議員（右端）ら。衆院選の1票の格差訴訟で最高裁は83年選挙も「違憲」と判断。94年の小選挙区制導入後は、96年、2000年、05年の3回の選挙を「合憲」、09年、12年、14年の選挙を続けて「違憲状態」とした。

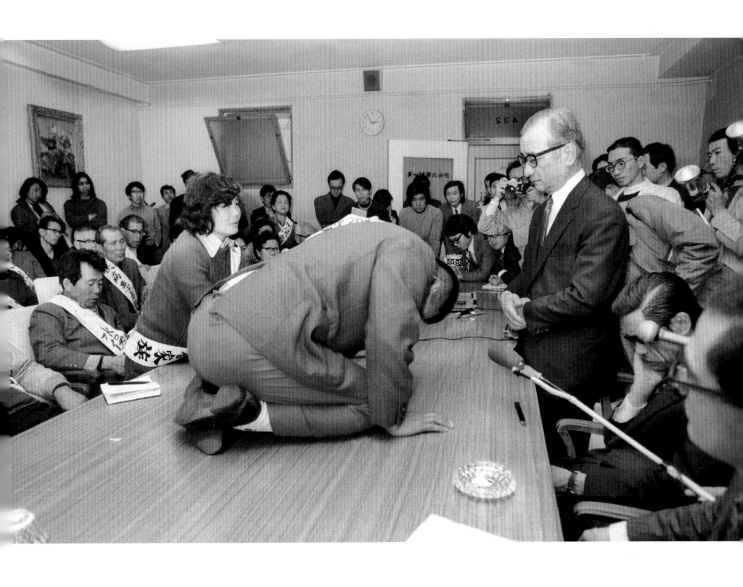

61 水俣病患者が土下座で回答迫る

　1973年3月24日、東京・大手町のチッソ本社で行われた補償交渉の席上、机に土下座してチッソの島田賢一社長(右)に誠意ある回答を迫る水俣病患者。工場から垂れ流された排水で汚染された魚を食べて苦しむ人々の姿は、経済成長に突き進む日本社会に大きな衝撃を与えた。国は67年、公害対策基本法を制定。71年には環境庁が発足した。

62 三木首相が終戦記念日に靖国参拝

1975年8月15日、三木武夫首相は全国戦没者追悼式出席後、戦後の首相として初めて終戦記念日に靖国神社を参拝した。社会党などの反発を配慮し、「個人としての参拝」の形式をとり、首相専用車を使わず、玉串奉呈もしなかった。

63 昭和天皇が最後の靖国参拝

1975年11月21日、昭和天皇が靖国神社に参拝した。戦後も数年おきに行われていた天皇参拝はこれが最後となった。78年、A級戦犯の合祀が明らかになったことが、その後の参拝をやめた理由といわれる。

65 「ロン・ヤス」関係で信頼築く

1983年1月18日、ホワイトハウスで会談するロナルド・レーガン大統領（左）と中曽根康弘首相。首相は会談で「日米は運命共同体」との認識を表明、大統領との間で「ロン・ヤス」関係と呼ばれる信頼関係を築いた。5年後、首相を退任した中曽根氏に対しレーガン大統領は「日米関係はあなたの敷いたレールのおかげで引き続き、改善を示している」と防衛協力の緊密化、日米貿易赤字の縮小などの業績を評価した。

66 「不沈空母」発言に抗議ビラ

1983年1月22日、中曽根康弘首相の「不沈空母」発言に市民団体らが東京・新橋駅前で抗議ビラを配った。初訪米した首相は米紙との会見で「日本列島を不沈空母のように強力に防衛し、ソ連の爆撃機が到達できないようにする」と発言し野党や市民団体が猛反発した。

67 ロッキード事件で田中元首相に実刑判決

1983年10月12日、ロッキード事件で東京地裁は田中角栄元首相に懲役4年、追徴金5億円の実刑判決を下した。全日空が米ロッキード社製の旅客機「L-1011トライスター」を導入した際、元首相が丸紅を通じロッキード社から工作資金5億円を受領したと認定した。元首相は保釈金を払って即日保釈されたが、控訴は棄却され、最高裁で審理中の93年12月16日、死去した＝東京地裁

68 　中曽根首相が終戦記念日に靖国公式参拝

1985年8月15日、首相として戦後初めて靖国神社を公式参拝、本殿を出る中曽根康弘首相。中国はA級戦犯合祀を理由に反発した。

4章「転期」〜冷戦終結と国際社会の流動化
Chapter 4 "Turning Point"– From end of Cold War to turbulent world

　戦後、世界を分断していた米国を中心とする資本主義陣営とソビエト連邦を中心とする共産・社会主義陣営の東西冷戦対立は1989年に終結。「ベルリンの壁」が崩壊、ソ連は91年に解体し、ロシア連邦などに分裂した。

　国内でも昭和天皇の逝去、株価・地価が異常に高騰したバブル経済の崩壊、自民党の長期政権「55年体制」の終結など、歴史的な転換期となり、新しい体制が模索されることになる。

　91年1月に多国籍軍がイラクを攻撃した湾岸戦争で国際貢献を求められた日本は、戦争終結後に海上自衛隊の掃海艇をペルシャ湾に派遣し、自衛隊の本格的な海外派遣が始まった。92年には国連平和維持活動（PKO）協力法が成立し、陸上自衛隊PKO部隊がカンボジアに派遣された。

　2001年4月に就任した小泉純一郎首相は8月に靖国神社を参拝、中韓両国から批判を受けるが、首相在任中は参拝を続けた。

1989年	1月7日	昭和天皇逝去
	7月23日	マドンナ旋風の参院選で与野党が逆転
	11月9日	ベルリンの壁崩壊
	12月3日	米ソ首脳がマルタ会談で東西冷戦終結を宣言
	29日	東京証券取引所の大納会で平均株価が終値で3万8915円の史上最高値を記録
1991年	1月17日	多国籍軍による湾岸戦争開戦
	4月26日	湾岸戦争の停戦後、海上自衛隊の掃海艇がペルシャ湾へ。自衛隊初の本格的な海外派遣
	12月25日	ソビエト連邦解体。ロシア連邦などが独立
1992年	6月15日	国連平和維持活動（PKO）協力法成立
	9月17日	自衛隊PKO部隊をカンボジアに派遣
1993年	6月9日	皇太子さまと小和田雅子さん結婚
	8月9日	細川護熙内閣発足。政権交代で自民党長期政権の「55年体制」終結
1994年	7月20日	社会党の村山富市首相が国会答弁で自衛隊合憲と言明
1995年	1月17日	阪神大震災
	3月20日	地下鉄サリン事件
	8月15日	戦後50年の村山首相談話。「植民地支配と侵略」に反省とおわびを表明
1997年	8月29日	第3次家永教科書訴訟で最高裁が検定制度は合憲としながらも、検定意見に関し国の裁量権の一部逸脱を認める判決（家永教科書訴訟が終結）
	9月23日	日米は朝鮮半島有事を想定した新たな防衛協力指針（ガイドライン）を決定
1999年	5月24日	周辺事態法成立
	8月9日	「日の丸」を国旗、「君が代」を国歌とする国旗国歌法成立
2000年	1月20日	衆参両院に憲法調査会設置
2001年	4月26日	小泉純一郎内閣発足
	8月13日	小泉首相が靖国神社参拝

（海外の事項は現地時間）

69 「大喪の礼」に内外から9800人
1989年2月24日、東京・新宿御苑で営まれた昭和天皇の「大喪の礼」で、古装束姿の楽師に先導され葬場殿に向かう葱華輦(そうかれん)。米国のブッシュ(父)大統領をはじめ55カ国の元首クラスを含む約190の国・国際機関などからの弔問使節ら内外の約9800人が参列した。

73 皇位継承儀式公費支出に批判
1990年11月23日、純白の祭服で大嘗祭(だいじょうさい)「主基殿供饌の儀(すきでんきょうせん)」に向かわれる大皇陛下。22日から23日にかけて行われた大嘗祭について政府は、宗教色は否定できないが、皇室に長く伝わる重要な皇位継承儀式として「公的性格がある」と位置付け、公費の支出を認めた。憲法の政教分離原則の観点から批判もあった＝皇居・東御苑

70 「マドンナ旋風」で山が動く
1989年7月23日、参院選で与野党が逆転、当選者の名前にバラを付ける社会党の土井たか子委員長(右)と山口鶴男書記長。石橋政嗣氏の後を継いで86年、社会党委員長に就任した土井氏は護憲と軍備縮小で中曽根康弘、竹下登両政権と対抗。89年参院選は土井氏の個人的な人気に支えられ、社会党は選挙区の女性候補5人全員と、推薦した2人の女性候補を当選させ、「マドンナ旋風」といわれた。このとき土井氏が与謝野晶子の詩を踏まえて語った「山が動いた」という言葉も流行語になった＝東京・永田町の社会党本部

72 バブルで株価が史上最高値

1989年12月29日、大納会の東京証券取引所は活発な取引となり、平均株価の終値は3万8915円と史上最高値を更新した。85年9月のプラザ合意とその後の円高、金余り現象の中で地価と株価が急上昇し、バブル経済が現出した。その象徴が株価の史上最高値更新。しかし、年明けから株価は値下がりに転じ、90年10月1日には一時2万円を割り込み、地価も値下がりしバブル経済は崩壊、日本経済は長期低迷の時代に入った。

71 東西ベルリンの壁、崩壊

1989年11月12日、東西ベルリンを分断する壁が破壊され、壁に上って喜ぶ東西ドイツの市民たち。3日前の11月9日、民主化要求のうねりを背景に東ドイツ政府は検問所を開放、往来を自由にしたため東西ドイツを分断していた壁は「崩壊」した。壁は61年8月、東ドイツ当局が西ドイツへの国民の逃亡を防ぐため建設を開始、西ドイツの飛び地だった西ベルリンの周囲約160㌔に高さ約3㍍のコンクリート製壁が築かれた。東西ドイツは90年10月3日統一され、現在のドイツとなった。

76 ソ連で共産党強硬派がクーデター

1991年8月19日、モスクワのロシア共和国最高会議ビル前で戦車の上からクーデター反対のアピールを読み上げるエリツィン・ロシア共和国大統領。85年3月、ソ連共産党書記長にゴルバチョフ氏が就任、同氏は大胆なペレストロイカ(改革)と情報公開(グラスノスチ)路線を打ち出し、自由化、民主化を進めた。しかし東欧民主化革命の影響でバルト3国が独立を宣言するなどソ連国内にも軋みが生じていた。クーデターは失敗したが、その後ゴルバチョフ氏の求心力は急速に低下、91年12月、ソ連は崩壊、ロシア連邦などに分裂した(AP)

74　湾岸戦争で燃えるクウェートの油井

1991年2月27日、湾岸戦争で米海兵第1師団重砲陣地の背後で燃えるクウェートの油井。イラク軍は90年8月にクウェートに侵攻。米軍を中心とする多国籍軍による湾岸戦争が91年1月17日に始まった。クウェートから敗走するイラク軍は732カ所の油井を破壊、640カ所が炎上した（ロイター）

75　海自掃海部隊がペルシャ湾入り

1991年5月26日、ペルシャ湾入りし、アラブ首長国連邦のドバイへ向かう海上自衛隊の掃海部隊。イラクのクウェート侵攻をきっかけに始まった湾岸戦争で日本は憲法9条の制約から多国籍軍への自衛隊派遣を見送った。その代わりに復興支援などとして計約130億㌦を拠出したが、国際社会からは「小切手外交」とやゆされた。4月に多国籍軍とイラク軍との間で停戦協定が発効した後、ペルシャ湾の機雷除去と処理のため日本政府は海上自衛隊のペルシャ湾派遣を決めた。自衛隊にとって初の本格的な海外派遣となった。

77 PKO法案の強行採決

　1991年11月27日、衆院の国連平和維持活動（PKO）特別委員会がPKO協力法案の採決を強行、林義郎委員長は与野党委員にもみくちゃにされながら文書を読み上げた。91年の湾岸戦争の際、日本の国際貢献の在り方を問われたことを受け、政府は同法案を提案、宮沢喜一内閣で成立した。憲法9条との関係や派遣業務の範囲、自衛隊員の身分などが論点になり、激しい反対運動が展開された。国会でも、反対党の徹底した牛歩戦術など緊迫した場面があった。

79　カンボジアで文民警察官死亡

1993年5月5日、バンコクのドンムアン空軍基地に移送された文民警察官高田晴行警部補のひつぎ。高田警部補は国連平和維持活動(PKO)の一環として国連カンボジア暫定統治機構(UNTAC)の文民警察部門に派遣されたが、5月4日、オランダ軍の護衛付きで国道を車両でパトロール中に正体不明の武装集団に襲われ死亡した。高田警部補は岡山県警から派遣されていた。パトロールに同行していた他の日本人警察官4人も重軽傷を負った。

81　カンボジアPKOで陸自部隊が活動

1993年7月9日、カンボジア南部シアヌークビルで、港湾施設の改修工事をする自衛隊施設部隊の隊員。施設部隊は国連カンボジア暫定統治機構(UNTAC)の下、道路や橋、港湾などの改修工事を行った。

78　カンボジアに派遣される陸自隊員

1992年9月17日、広島県呉市の海上自衛隊呉基地で、カンボジアに向かう輸送艦「みうら」から見送りの人たちに帽子を振る陸上自衛隊派遣隊員。国連平和維持活動(PKO)協力法に基づく海外派遣で、施設部隊用の車両などを輸送した。自衛隊にとってはペルシャ湾での機雷処理に次ぐ2度目の海外派遣、陸上自衛隊にとっては初の海外派遣となった。

80 皇太子さまと雅子さまが結婚

　1993年6月9日、天皇、皇后両陛下に結婚の報告をする「朝見の儀」を終え、パレードに向かわれる皇太子さまと雅子さま。ご夫妻は皇居から新居となる東京・元赤坂の東宮仮御所までの約4.2㌔を30分間かけて華やかにパレード。沿道では19万1500人(警視庁調べ)が祝福した。

82　非自民8党派の細川内閣発足

1993年8月9日、細川内閣が発足し、首相官邸中庭で羽田孜副総理兼外相(左)らと乾杯する細川護熙首相。社会党、新生党、公明党、日本新党、民社党、新党さきがけなどの非自民8党派が日本新党の細川氏を擁立した。自民党は55年の結党以来38年間政権を維持してきたが、初めて野党に転落した。細川首相は衆院選の中選挙区制を廃止して小選挙区比例代表並立制を導入する公職選挙法の改正など政治改革を実現したが、国民福祉税構想の頓挫以降、急速に求心力を失い、94年4月28日に退陣、羽田内閣に引き継いだ。

83　海上自衛隊観艦式に出席した村山首相

1994年10月16日、相模湾で行われた海上自衛隊の観艦式で、護衛艦「しらね」に乗り込みイージス艦などの海上パレードを観閲する村山富市首相。羽田内閣総辞職後の94年6月、社会党の村山委員長を首相とする社会党と自民党、新党さきがけの「自社さ」連立政権が誕生。社会党委員長を首班とする内閣は、48年に退陣した片山哲内閣以来46年ぶりだった。村山首相は自衛隊合憲を明言した。

84　阪神大震災で火に包まれる神戸市街

　1995年1月17日、未明に発生した阪神大震災で各所から出火し、延焼が続く神戸市街。淡路島北部を震源とするマグニチュード7.3の直下型大地震で、神戸市などで観測史上初の震度7を記録した。死者6430人以上、負傷者4万3千人以上、被害家屋数は約64万棟に上った。

85　地下鉄サリン事件発生

1995年3月20日、営団地下鉄(現東京メトロ)丸ノ内線の後楽園駅で防毒マスクを着用し、車両内を洗浄する自衛隊員。同日朝の出勤時間帯に丸ノ内線、日比谷線、千代田線の各線車両内で、化学兵器として使用される神経ガスのサリンが散布され、乗客や駅員ら13人が死亡、負傷者は約6300人に上った。オウム真理教による地下鉄サリン事件である。大都市で一般市民に対し無差別に化学兵器が使われた事件として国内外に大きな衝撃を与えた(陸上自衛隊提供)

86　自主廃業の山一社長が涙で会見

1997年11月24日、東京・日本橋兜町の東京証券取引所で自主廃業の発表をする山一証券の野沢正平社長。かつて四大証券の一角だった同社は含み損を関係会社などに転売する「飛ばし」という手法で粉飾決算を重ね、巨額の簿外債務を発生させ、自主廃業に追い込まれた。野沢社長は記者会見で「社員は悪くありませんから」と涙を見せた。バブル崩壊の象徴的なシーンとなった。

別れを惜しむ山一証券社員

1998年2月27日、山一証券本店営業部前で記念撮影をして別れを惜しむ女性社員ら。3月末には全国の支店は閉鎖、社員は解雇され、創業以来101年の名門証券会社は消滅した＝東京都中央区

87 国旗国歌法案反対を歌でアピール

1999年7月6日、国旗国歌法案の地方公聴会が開かれた那覇市のホテル前で、フェンス越しに歌で反対をアピールする人たち。小渕恵三内閣は6月、日の丸、君が代を法制化する同法案を国会に提出した。教育現場で日の丸掲揚と君が代の斉唱が半ば義務付けられていることが問題になり、法案に対しても野党から「憲法19条が定める思想・良心の自由に反する」との声が上がった。小渕首相は国会で「政府といたしましては、国旗・国歌の法制化に当たり、国旗の掲揚に関し義務づけなどを行うことは考えておりません」と答弁。同法案は8月9日に成立し、同月13日に施行された。

88 官邸記者会見場に初めて日の丸

1999年8月9日、国旗国歌法の成立を受け首相官邸で記者会見する野中広務官房長官。横には初めて「日の丸」が掲げられた。長官は「多くの国々でも、会見場に国旗が掲揚されている。本日を一つの機会として国旗を置こうと考えた」と説明した。

89　日米首脳がキャッチボール

2001年6月30日、ワシントン近郊の大統領山荘「キャンプデービッド」で、ブッシュ（子）大統領とキャッチボールする小泉純一郎首相。森喜朗首相の退陣表明を受け、「自民党をぶっ壊す！」と訴えて自民党総裁選に出馬、01年4月26日、首相に就任した小泉氏は国内では郵政民営化などに取り組んだ。ブッシュ大統領とは親密さをアピール、米中枢同時テロ後は大統領の「テロとの戦い」を支持した。

90 小泉首相の靖国参拝に抗議

　2001年8月13日、小泉純一郎首相の靖国神社参拝に、座り込んで抗議する旧日本軍軍人・軍属の韓国人遺族ら。首相は中韓両国に配慮し、終戦記念日の15日を避けたが、境内は日の丸を振りながら万歳と叫ぶ人たちと参拝反対を訴える人たちの怒鳴り声が入り交じり、騒然となった。現職首相の参拝は1996年7月の橋本龍太郎首相以来5年ぶりだった。

5章「漂流」〜米中枢同時テロと本格化する自衛隊海外派遣
Chapter 5 "Adrift"– Terror attacks on U.S. & full-scale overseas deployment of SDF

　2001年9月11日、ニューヨークの貿易センタービルにハイジャックされた旅客機が突入するなど米国の中枢を標的とした同時テロが発生、世界に衝撃が走った。米英軍は「テロとの戦い」を掲げて、アフガニスタンを攻撃、03年3月にはイラク戦争が始まる。

　日本政府は01年にテロ対策特別措置法を制定し、アフガン攻撃を行う米艦などにインド洋上で給油支援を実施。03年に成立したイラク復興支援特別措置法では戦後の人道復興支援としてイラク南部サマワに陸上自衛隊部隊を派遣、戦闘が続く事実上の「戦地」への初めての自衛隊派遣となった。

　憲法について「広範で総合的な調査」を行う目的で2000年に衆参両院に設置された憲法調査会は05年に最終報告書をまとめた。同年、結党から50年を迎えた自民党は「新憲法草案」を公表。9条を改正し「自衛軍」の保持などを明記したが、小泉純一郎首相は在任中の改憲は封印した。

2001年	9月11日	米中枢同時テロ
	10月7日	米英両国がアフガニスタン攻撃
	29日	テロ対策特別措置法成立
	11月9日	米軍艦船などへの補給活動に向け海上自衛隊をインド洋へ派遣（新テロ対策特別措置法の期限切れで2010年、最終的に撤収）
2002年	2月15日	自衛隊PKO部隊の東ティモール派遣決定
	9月17日	小泉純一郎首相が北朝鮮を訪問。金正日総書記が日本人拉致を認めて謝罪
2003年	3月19日	イラク戦争開戦
	6月6日	武力攻撃事態法など有事関連3法成立
	7月26日	イラク復興支援特別措置法成立
2004年	1月19日	陸上自衛隊先遣隊がイラク南部サマワに到着
	6月14日	国民保護法など有事関連7法成立
2005年	4月15日	衆院憲法調査会が最終報告書。参院調査会は20日
	10月28日	自民党が新憲法草案を公表
	11月22日	自民党が立党50年記念大会
2006年	8月15日	小泉首相が終戦記念日に靖国神社参拝

（海外の事項は現地時間）

91 米中枢同時テロでツインタワー崩壊

2001年9月11日、テロリストに乗っ取られた旅客機2機が突っ込み炎上するニューヨークの世界貿易センターのツインタワービル。ツインタワーはこの後、2棟とも崩壊した。ニューヨークやワシントンなど米国の中枢を狙った同時テロでは日本人を含む3千人以上が犠牲になった。ブッシュ（子）政権は国際テロ組織アルカイダの犯行と断定、指導者のウサマ・ビンラディン容疑者をかくまったとしてアフガニスタンを攻撃し、タリバン政権を打倒。対テロ戦争の一環として03年にはイラク戦争を開始、フセイン政権を倒した（ロイター）

92　米英軍がイラク攻撃を開始

2003年3月21日、米英軍の大規模空爆を受け、煙を上げるバグダッドの政府関係庁舎。ブッシュ（子）大統領は19日、テレビ演説でイラク攻撃開始を発表、米軍はイラク時間20日午前5時半すぎ、巡航ミサイルなどでバグダッド近郊を爆撃した。作戦名は「イラクの自由作戦」。ブッシュ大統領は同年5月、イラク戦争の戦闘終結を宣言、フセイン大統領は捕らえられ、裁判の結果、死刑となった。しかし、大量破壊兵器は発見されず、14年を経た現在もイラク国内の治安は安定していない。

93 陸自イラク先遣隊の隊旗授与式

2004年1月16日、防衛庁で行われた陸上自衛隊イラク先遣隊の隊旗授与式。隊員の娘さんが携帯電話のカメラで父親を撮影している。イラク復興支援特別措置法が03年7月に成立、人道復興支援のため自衛隊がイラクに派遣されることになった。活動は「非戦闘地域」に限定されたが、「非戦闘地域」の解釈を巡って国会で議論があった。陸上自衛隊は06年までイラク南部のサマワに滞在、輸送活動に従事した航空自衛隊は08年に活動を終えた。

94 陸上自衛隊本隊が装甲車でイラク入り

2004年2月8日、クウェートから国境を越え、イラク入りする陸上自衛隊本隊第1陣の車列。機関銃などで武装した軽装甲機動車や装輪装甲車による自前の警備で、トラックや建設用の重機を積んだトレーラーがイラク国内を移動した。その後、サマワのオランダ軍宿営地で先遣隊と合流、同地に宿営地を建設。サマワでは給水活動や道路、学校校舎の補修を担当した。06年までの滞在中、宿営地内にロケット弾が撃ち込まれる事案もあった。

95 サマワ仮宿営地の陸自女性隊員

2004年3月21日、イラク南部サマワの仮宿営地で銃を持ち整列する陸自女性隊員。海外派遣への女性自衛官参加は、独立を支援する国連活動に協力するため02年から04年まで派遣された東ティモール国連平和維持活動(PKO)に続き2例目。

96 「強制でないことが望ましい」と天皇陛下

　2004年10月28日、秋の園遊会で、東京都教育委員会の委員を務める棋士の米長邦雄さん(右)と話をされる天皇、皇后両陛下。米長さんが「日本中の学校に国旗を揚げ、国歌を斉唱させることが私の仕事でございます」と述べたことに対し、天皇陛下は「強制になるということでないことが望ましいですね」と発言＝東京・元赤坂の赤坂御苑

97　性的マイノリティーの人たちがパレード

2005年8月13日、性的マイノリティー（LGBT）の人たちが参加して東京都内で行われた「東京レズビアン＆ゲイパレード」。このパレードから10年後の15年4月、渋谷区は区条例に基づき、同性カップルを結婚に相当する「パートナーシップ」と認める証明書の交付を始めた。全国初となる自治体独自の取り組みで、差別解消を図り、多様性の尊重を促すとしている。LGBTはLesbian（レズビアン、女性同性愛者）、Gay（ゲイ、男性同性愛者）、Bisexual（バイセクシュアル、両性愛者）、Transgender（性同一性障害を含む性別越境者など）の頭文字をとった頭字語＝東京都渋谷区

98 小泉首相が終戦記念日に靖国参拝

2006年8月15日、参拝のため靖国神社の本殿に向かう小泉純一郎首相(中央)。01年の就任以来6回目の参拝で、終戦記念日は初めて。現職首相としては1985年の中曽根康弘氏以来21年ぶりとなった。9月の退任を前に01年の自民党総裁選で掲げた終戦記念日参拝の公約実行に踏み切った。

6章「模索」〜憲法施行70年と改正の議論
Chapter 6 "In Search" – Constitution's 70th anniversary & debate on constitutional revision

　2006年9月に就任した安倍晋三首相は憲法改正に意欲を示し、07年、改憲の手続きを定めた国民投票法を制定。12年12月からの第2次政権では特定秘密保護法制定や武器輸出3原則の撤廃を実施。憲法解釈上認められないとされてきた集団的自衛権の行使を可能とする安全保障関連法を15年9月に成立させるなど、憲法に関わる法制の転換が進んでいる。

　16年には南スーダンに派遣した陸上自衛隊PKO部隊に安保関連法に基づく「駆け付け警護」などの任務を命じ、海外での自衛隊の活動が拡大された。

　11年3月に発生した東日本大震災と東京電力福島第1原発の事故は、多くの人々の命と暮らしを奪い、経済のグローバル化が進む中、貧困と格差の拡大も指摘される。

　天皇陛下は16年8月、天皇の位を皇太子さまに譲る「退位」の意向をにじませるビデオメッセージを公表した。陛下は「全身全霊をもって象徴の務めを果たしていくことが難しくなるのではないか」と述べ、「象徴天皇制」の在り方が問われることとなった。

　自民党は野党時代の12年、自衛隊を「国防軍」と明記する憲法改正草案を公表。16年の参院選の結果、衆参両院で改憲に賛同する勢力が改憲発議に必要な「総議員の3分の2以上」の議席を占める状況となり、憲法改正の議論は新たな段階に入っている。

2006年	9月26日、安倍晋三内閣発足
2007年	1月9日、防衛庁が防衛省に昇格
	5月14日、憲法改正手続きを定めた国民投票法成立
	8月7日、衆参両院に憲法審査会設置
2008年	6月4日、最高裁が父母の婚姻を要件とする国籍法の規定を違憲と判決
	12月31日、「年越し派遣村」が東京・日比谷公園に開設
2009年	9月16日、政権交代で民主、社民、国民新の3党連立の鳩山由紀夫内閣発足
2011年	3月11日、東日本大震災、東京電力福島第1原発事故
2012年	4月27日、自民党が自衛隊を「国防軍」と明記する憲法改正草案公表
	12月26日、安倍氏が首相に復帰。第2次安倍政権発足
2013年	12月6日、特定秘密保護法成立
2014年	4月1日、政府が武器輸出3原則を撤廃し、防衛装備移転3原則を決定
	7月1日、政府が集団的自衛権の行使を容認する憲法解釈の変更を閣議決定
	12月14日、衆院選で自民、公明両党が「3分の2以上」の議席確保
2015年	4月27日、日米が自衛隊と米軍の協力を拡大する新たな防衛協力指針(ガイドライン)を決定
	6月17日、改正公職選挙法が成立。選挙権年齢を「18歳以上」に引き下げ(16年6月に施行)
	9月19日、集団的自衛権の行使を可能にする安全保障関連法成立
	12月16日、最高裁が女性の再婚を離婚後6カ月認めない民法規定を違憲と判決
2016年	3月29日、安保関連法施行
	5月27日、オバマ米大統領が現職大統領として初めて被爆地・広島訪問
	7月10日、参院選で改憲勢力が「3分の2以上」の議席確保
	8月8日、天皇陛下が象徴としての務めについてのお気持ちをビデオメッセージで表明
	11月3日、日本国憲法、公布から70年
	11月15日、南スーダンの自衛隊PKO派遣部隊に新任務「駆け付け警護」付与を閣議決定
	11月16日、参院選後初の参院憲法審査会開催。衆院審査会は17日開催
	12月27日、安倍首相がオバマ米大統領とハワイの真珠湾訪問
2017年	5月3日、日本国憲法、施行から70年

(海外の事項は現地時間)

99 憲法改正の国民投票法が成立

2007年5月14日、国民投票法が可決、成立した国会前で座り込んで抗議する労働組合や市民団体のメンバー。現行憲法を改正する具体的な手続きを定める国民投票法が参院本会議で与党などの賛成多数で可決、成立した。国会では野党から「審議不足」の批判が上がったが、安倍晋三政権は批判に応えることなく、成立にこだわった。同法は10年5月に施行された＝東京・永田町

100 最高裁が「国籍法は違憲」と判断

2008年6月4日、子どもの日本国籍取得が認められて喜ぶ母親と子どもたち。外国人の母親と日本人の父親の間に生まれ、その後認知された子どもが日本国籍の取得を求めた訴訟で最高裁大法廷は、両親が結婚していないという理由で日本国籍を認めない現行の国籍法は憲法14条の「法の下の平等」に反すると判断。「父母の婚姻を要件とする国籍法の規定は不合理な差別で違憲」として、二審判決を破棄、原告の日本国籍を認める逆転勝訴が確定した＝最高裁前

101　政権交代で鳩山内閣発足

2009年9月16日、記念撮影のため首相官邸の階段を下りる鳩山由紀夫首相（前列中央）と閣僚ら。同年8月の衆院選で民主党は308議席を獲得し、民主、社民、国民新の3党連立による鳩山内閣が発足し政権交代が実現した。しかし、鳩山首相は普天間飛行場移設問題をめぐる混乱などで10年6月に退陣に追い込まれ、菅直人氏が引き継いだ。

102　東日本大震災の大津波

2011年3月11日午後3時55分、東日本大震災で発生した大津波にのみ込まれる宮城県名取市の沿岸部。午後2時46分、三陸沖を震源とするマグニチュード9.0の巨大地震が発生した。最大震度は7。国内の地震では過去最大規模で死者1万5894人、行方不明者2557人（16年9月9日現在、警察庁調べ）。避難生活での体調悪化や自殺による震災関連死は岩手、宮城、福島の3県で3400人以上。東京電力福島第1原子力発電所事故を引き起こした。

103　隊員10万人態勢で救助、捜索

2011年3月26日、宮城県気仙沼市で、がれきの中から発見された遺体を運ぶ自衛隊員。東日本大震災で自衛隊はピーク時には10万7千人態勢で人命救助や行方不明者の捜索、生活支援などにあたるなど創設以来、最大の大規模災害派遣となった。

105　震災から1カ月半後の福島第1原発

2011年4月26日、自衛隊ヘリから撮影した東京電力福島第1原発の(手前から)1号機、2号機、3号機、4号機。東日本大震災による地震と津波で、原子炉6基のうち1～5号機で全交流電源を喪失し、原子炉や使用済み核燃料プールの冷却ができなくなった。1～3号機で炉心溶融が起き、1、3、4号機の原子炉建屋が水素爆発した。事故の深刻度は国際評価尺度(INES)でチェルノブイリ原発事故と同じ史上最悪の「レベル7」とされた(防衛省提供)

104 　無人の町で咲き誇る桜並木

　　2011年4月14日、東京電力福島第1原発事故で住民が避難し、人けがなくなった福島県双葉町の中心部。無人の町で並木の桜が咲き誇っている。双葉町は全域が避難区域で、放射線量が高く、避難解除の見通しが立っていない帰還困難区域が96％を占める（17年1月現在）。憲法13条は幸福追求の権利をうたい、29条は財産権を侵してはならないとするが、原発事故では多くの人々が住む場所を奪われ、これらの権利を侵害された。

106　中国船が尖閣諸島で領海侵犯

2012年9月24日、沖縄県・尖閣諸島周辺の日本の領海に侵入した中国の海洋監視船「海監66」（右）と並走する海上保安庁の巡視船。奥は魚釣島。日本政府は11日、魚釣島など3島を地権者から購入して国有化。領有権を主張する中国政府は対抗措置をとると言明した。中国各地では反日デモが頻発、公船による尖閣周辺の領海侵入が繰り返されるようになった。

108　離島奪還を想定して訓練

2015年1月11日、千葉県の陸上自衛隊習志野演習場で行われた「降下訓練始め」でヘリから降下する隊員。中谷元防衛相は南西諸島での中国軍の活動活発化に触れ「あらゆる事態に即応することが重要だ」と訓示した。離島奪還を想定した訓練などが行われた。

107　保育園上空を飛行するオスプレイ

2012年10月1日、保育園の上空を飛行する米軍の新型輸送機MV22オスプレイ。オスプレイは山口県岩国市の岩国基地に一時駐機した後、沖縄県宜野湾市の普天間飛行場に配備された。オスプレイは開発段階から事故が相次ぎ、16年12月には名護市沖の海上で「不時着」事故を起こした＝沖縄県宜野湾市

109　憲法学者が「安保関連法は違憲」
　　2015年6月4日、衆院憲法審査会で意見を述べる参考人の(左から)早稲田大・長谷部恭男教授、慶応大・小林節名誉教授、早稲田大・笹田栄司教授。自民党推薦を含む憲法学者3人は全員、集団的自衛権行使を可能にする安全保障関連法案について「憲法違反」との認識を表明した。

110　国会に向けて若者らが抗議の声
　　2015年6月19日、学生らのグループ「SEALs(シールズ)」が呼びかけた集会で、「戦争法案反対」「9条壊すな」「憲法壊すな」などのプラカードを掲げ、国会に向かって抗議の声を上げる若者ら。安全保障関連法案反対の抗議デモに参加する学生、主婦、会社員ら一般市民は日を追うごとに増えていった。

111 国会前道路を埋め尽くす抗議の市民ら
2015年8月30日、安全保障関連法案に抗議し、国会正門前の道路を埋め尽くす人々。政党や労組の動員ではなく、自発的な参加の市民が目立った。

112　参院特別委の強行採決でもみ合う議員
　2015年9月17日、安全保障関連法案採決を巡り、参院平和安全法制特別委員会の委員長席の周りでもみ合う与野党議員。野党議員が反対する中、鴻池祥肇委員長が質疑を打ち切り、採決に踏み切った。同法案は同月19日未明の参院本会議で可決、成立し、翌16年3月29日に施行された。

114 　1万人が憲法改正を訴え

　　2015年11月10日、東京・日本武道館で開かれた憲法改正を訴える集会。民間団体が主催した集会には約1万1千人が参加、国会に対して速やかに改憲を発議し、国民投票を実施するよう求める決議を採択した。安倍晋三首相もビデオメッセージで参加した。

113 「1票の格差」2.13倍は違憲と提訴

2015年10月28日、前年実施された衆院選の「1票の格差」訴訟の上告審弁論のため最高裁に向かう弁護士ら。弁護士グループは、衆院選は「1票の格差」が最大2.13倍で違憲として選挙の無効を求めた。

115 最高裁は「違憲状態」と判断

2015年11月25日、衆院選の「1票の格差」訴訟の上告審判決が言い渡された最高裁大法廷。大法廷（裁判長・寺田逸郎長官）は、「違憲状態」と判断した。最高裁が衆院選を違憲状態としたのは3回連続。14人の裁判官のうち9人の多数意見だった。判決は選挙無効の請求は退けたが、国会に選挙制度の速やかな改革を求めた。

116 再婚禁止規定に「違憲」判決

2015年12月16日、女性だけに6カ月間の再婚禁止を定めた民法の規定に「違憲」判決を出した最高裁前で報道陣に囲まれる関係者。最高裁大法廷（裁判長・寺田逸郎長官）は、「100日を超えて再婚を禁じるのは過剰な制約で違憲」と判断した。一方、夫婦別姓訴訟について判決は「夫婦同姓規定には合理性があり合憲」との判断を示した。

118　高校生が国会で模擬投票

2016年6月18日、国会内で模擬投票をする高校生。選挙権年齢を20歳以上から18歳以上に引き下げる改正公職選挙法が15年に成立、16年夏の参院選から適用されることになり、18、19歳の約240万人が新たに有権者に加わった。選挙権年齢が引き下げられたのは、25歳以上から20歳以上に引き下げて行われた1946年の衆院選以来70年ぶり。

120　参院選、改憲勢力3分の2以上に

2016年7月11日、参院選から一夜明け、与党の勝利を報じる新聞各紙。参院選で自民、公明の与党は、安倍晋三首相が勝敗ラインに掲げた改選過半数(61)を確保し、大勝。非改選と合わせた改憲勢力は国会発議に必要な3分の2を超えた＝東京・渋谷

121 ジュバのPKO施設を警戒する陸自隊員

2016年11月14日、南スーダン・ジュバの国連平和維持活動(PKO)施設内で警戒活動をする陸上自衛隊員。16年3月に安全保障関連法が施行され、南スーダンに派遣されている自衛隊PKO部隊には12月から「駆け付け警護」の新任務が付与された。任務を妨害する行為に警告射撃や威嚇を行う「任務遂行型」の武器使用が初めて可能になった。

119　ビデオメッセージで退位にじます

　2016年8月8日、東京・新宿の大型スクリーンに映し出された天皇陛下のビデオメッセージ。天皇の位を皇太子さまに譲る「生前退位」の意向を周囲に示していた天皇陛下がお気持ちを示したビデオメッセージが宮内庁から公表された。陛下は「全身全霊をもって象徴の務めを果たしていくことが難しくなるのではないか」と将来的な退位の意向をにじませた。

117　オバマ大統領が広島訪問

　2016年5月27日、広島の平和記念公園で所感を述べるオバマ米大統領。現職の米国大統領として初めて被爆地・広島を訪問したオバマ氏は原爆慰霊碑に献花した。所感では、核兵器を使用した唯一の国としての「道義的責任」に言及し「核兵器なき世界」への取り組みを表明。広島、長崎で亡くなった人々を含め、第2次世界大戦の全犠牲者を追悼し、戦争の惨禍を繰り返さないための誓いを新たにした。

122 安倍首相が真珠湾で慰霊

2016年12月27日、米ハワイの真珠湾(パールハーバー)埠頭に設けられた演説会場を後にする安倍晋三首相とオバマ米大統領。首相はオバマ大統領とともに真珠湾のアリゾナ記念館を訪れ、犠牲者を慰霊した。首相は演説で、日米が同盟関係を築くに至った「和解の力」の意義を強調し「不戦の誓い」を述べたが、先の大戦への謝罪には触れなかった。

日本国憲法

Birthplace of Constitution

Chronology and Commentary on Chapters

Caption

日本国憲法

　日本国民は、正当に選挙された国会における代表者を通じて行動し、われらとわれらの子孫のために、諸国民との協和による成果と、わが国全土にわたつて自由のもたらす恵沢を確保し、政府の行為によつて再び戦争の惨禍が起ることのないやうにすることを決意し、ここに主権が国民に存することを宣言し、この憲法を確定する。そもそも国政は、国民の厳粛な信託によるものであつて、その権威は国民に由来し、その権力は国民の代表者がこれを行使し、その福利は国民がこれを享受する。これは人類普遍の原理であり、この憲法は、かかる原理に基くものである。われらは、これに反する一切の憲法、法令及び詔勅を排除する。

　日本国民は、恒久の平和を念願し、人間相互の関係を支配する崇高な理想を深く自覚するのであつて、平和を愛する諸国民の公正と信義に信頼して、われらの安全と生存を保持しようと決意した。われらは、平和を維持し、専制と隷従、圧迫と偏狭を地上から永遠に除去しようと努めてゐる国際社会において、名誉ある地位を占めたいと思ふ。われらは、全世界の国民が、ひとしく恐怖と欠乏から免かれ、平和のうちに生存する権利を有することを確認する。

　われらは、いづれの国家も、自国のことのみに専念して他国を無視してはならないのであつて、政治道徳の法則は、普遍的なものであり、この法則に従ふことは、自国の主権を維持し、他国と対等関係に立たうとする各国の責務であると信ずる。

　日本国民は、国家の名誉にかけ、全力をあげてこの崇高な理想と目的を達成することを誓ふ。

第一章　天皇

第一条　天皇は、日本国の象徴であり日本国民統合の象徴であつて、この地位は、主権の存する日本国民の総意に基く。
第二条　皇位は、世襲のものであつて、国会の議決した皇室典範の定めるところにより、これを継承する。
第三条　天皇の国事に関するすべての行為には、内閣の助言と承認を必要とし、内閣が、その責任を負ふ。
第四条　天皇は、この憲法の定める国事に関する行為のみを行ひ、国政に関する権能を有しない。
　　天皇は、法律の定めるところにより、その国事に関する行為を委任することができる。
第五条　皇室典範の定めるところにより摂政を置くときは、摂政は、天皇の名でその国事に関する行為を行ふ。この場合には、前条第一項の規定を準用する。
第六条　天皇は、国会の指名に基いて、内閣総理大臣を任命する。
　　天皇は、内閣の指名に基いて、最高裁判所の長たる裁判官を任命する。
第七条　天皇は、内閣の助言と承認により、国民のために、左の国事に関する行為を行ふ。
　一　憲法改正、法律、政令及び条約を公布すること。
　二　国会を召集すること。
　三　衆議院を解散すること。
　四　国会議員の総選挙の施行を公示すること。
　五　国務大臣及び法律の定めるその他の官吏の任免並びに全権委任状及び大使及び公使の信任状を認証すること。
　六　大赦、特赦、減刑、刑の執行の免除及び復権を認証すること。
　七　栄典を授与すること。
　八　批准書及び法律の定めるその他の外交文書を認証すること。
　九　外国の大使及び公使を接受すること。
　十　儀式を行ふこと。
第八条　皇室に財産を譲り渡し、又は皇室が、財産を譲り受け、若しくは賜与することは、国会の議決に基かなければならない。

第二章　戦争の放棄

第九条　日本国民は、正義と秩序を基調とする国際平和を誠実に希求し、国権の発動たる戦争と、武力による威嚇又は武力の行使は、国際紛争を解決する手段としては、永久にこれを放棄する。
　　前項の目的を達するため、陸海空軍その他の戦力は、これを保持しない。国の交戦権は、これを認めない。

第三章　国民の権利及び義務

第十条　日本国民たる要件は、法律でこれを定める。
第十一条　国民は、すべての基本的人権の享有を妨げられない。この憲法が国民に保障する基本的人権は、侵すことのできない永久の権利として、現在及び将来の国民に与へられる。
第十二条　この憲法が国民に保障する自由及び権利は、国民の不断の努力によつて、これを保持しなければならない。又、国民は、これを濫用してはならないのであつて、常に公共の福祉のためにこれを利用する責任を負ふ。
第十三条　すべて国民は、個人として尊重される。生命、自由及び幸福追求に対する国民の権利については、公共の福祉に反しない限り、立法その他の国政の上で、最大の尊重を必要とする。
第十四条　すべて国民は、法の下に平等であつて、人種、信条、性別、社会的身分又は門地により、政治的、経済的又は社会的関係において、差別されない。
　　華族その他の貴族の制度は、これを認めない。
　　栄誉、勲章その他の栄典の授与は、いかなる特権も伴はない。栄典の授与は、現にこれを有し、又は将来これを受ける者の一代に限り、その効力を有する。
第十五条　公務員を選定し、及びこれを罷免することは、国民固有の権利である。
　　すべて公務員は、全体の奉仕者であつて、一部の奉仕者ではない。
　　公務員の選挙については、成年者による普通選挙を保障する。
　　すべて選挙における投票の秘密は、これを侵してはならない。選挙人は、その選択に関し公的にも私的にも責任を問はれない。
第十六条　何人も、損害の救済、公務員の罷免、法律、命令又は規則の制定、廃止又は改正その他の事項に関し、平穏に請願する権利を有し、何人も、かかる請願をしたためにいかなる差別待遇も受けない。
第十七条　何人も、公務員の不法行為により、損害を受けたときは、法律の定めるところにより、国又は公共団体に、その賠償を求めることができる。
第十八条　何人も、いかなる奴隷的拘束も受けない。又、犯罪に因る処罰の場合を除いては、その意に反する苦役に服させられない。
第十九条　思想及び良心の自由は、これを侵してはならない。
第二十条　信教の自由は、何人に対してもこれを保障する。いかなる宗

教団体も、国から特権を受け、又は政治上の権力を行使してはならない。

　何人も、宗教上の行為、祝典、儀式又は行事に参加することを強制されない。

　国及びその機関は、宗教教育その他いかなる宗教的活動もしてはならない。

第二十一条　集会、結社及び言論、出版その他一切の表現の自由は、これを保障する。

　検閲は、これをしてはならない。通信の秘密は、これを侵してはならない。

第二十二条　何人も、公共の福祉に反しない限り、居住、移転及び職業選択の自由を有する。

　何人も、外国に移住し、又は国籍を離脱する自由を侵されない。

第二十三条　学問の自由は、これを保障する。

第二十四条　婚姻は、両性の合意のみに基いて成立し、夫婦が同等の権利を有することを基本として、相互の協力により、維持されなければならない。

　配偶者の選択、財産権、相続、住居の選定、離婚並びに婚姻及び家族に関するその他の事項に関しては、法律は、個人の尊厳と両性の本質的平等に立脚して、制定されなければならない。

第二十五条　すべて国民は、健康で文化的な最低限度の生活を営む権利を有する。

　国は、すべての生活部面について、社会福祉、社会保障及び公衆衛生の向上及び増進に努めなければならない。

第二十六条　すべて国民は、法律の定めるところにより、その能力に応じて、ひとしく教育を受ける権利を有する。

　すべて国民は、法律の定めるところにより、その保護する子女に普通教育を受けさせる義務を負ふ。義務教育は、これを無償とする。

第二十七条　すべて国民は、勤労の権利を有し、義務を負ふ。

　賃金、就業時間、休息その他の勤労条件に関する基準は、法律でこれを定める。

　児童は、これを酷使してはならない。

第二十八条　勤労者の団結する権利及び団体交渉その他の団体行動をする権利は、これを保障する。

第二十九条　財産権は、これを侵してはならない。

　財産権の内容は、公共の福祉に適合するやうに、法律でこれを定める。

　私有財産は、正当な補償の下に、これを公共のために用ひることができる。

第三十条　国民は、法律の定めるところにより、納税の義務を負ふ。

第三十一条　何人も、法律の定める手続によらなければ、その生命若しくは自由を奪はれ、又はその他の刑罰を科せられない。

第三十二条　何人も、裁判所において裁判を受ける権利を奪はれない。

第三十三条　何人も、現行犯として逮捕される場合を除いては、権限を有する司法官憲が発し、且つ理由となつてゐる犯罪を明示する令状によらなければ、逮捕されない。

第三十四条　何人も、理由を直ちに告げられ、且つ、直ちに弁護人に依頼する権利を与へられなければ、抑留又は拘禁されない。又、何人も、正当な理由がなければ、拘禁されず、要求があれば、その理由は、直ちに本人及びその弁護人の出席する公開の法廷で示されなければならない。

第三十五条　何人も、その住居、書類及び所持品について、侵入、捜索及び押収を受けることのない権利は、第三十三条の場合を除いては、正当な理由に基いて発せられ、且つ捜索する場所及び押収する物を明示する令状がなければ、侵されない。

　捜索又は押収は、権限を有する司法官憲が発する各別の令状により、これを行ふ。

第三十六条　公務員による拷問及び残虐な刑罰は、絶対にこれを禁ずる。

第三十七条　すべて刑事事件においては、被告人は、公平な裁判所の迅速な公開裁判を受ける権利を有する。

　刑事被告人は、すべての証人に対して審問する機会を充分に与へられ、又、公費で自己のために強制的手続により証人を求める権利を有する。

　刑事被告人は、いかなる場合にも、資格を有する弁護人を依頼することができる。被告人が自らこれを依頼することができないときは、国でこれを附する。

第三十八条　何人も、自己に不利益な供述を強要されない。

　強制、拷問若しくは脅迫による自白又は不当に長く抑留若しくは拘禁された後の自白は、これを証拠とすることができない。

　何人も、自己に不利益な唯一の証拠が本人の自白である場合には、有罪とされ、又は刑罰を科せられない。

第三十九条　何人も、実行の時に適法であつた行為又は既に無罪とされた行為については、刑事上の責任を問はれない。又、同一の犯罪について、重ねて刑事上の責任を問はれない。

第四十条　何人も、抑留又は拘禁された後、無罪の裁判を受けたときは、法律の定めるところにより、国にその補償を求めることができる。

第四章　国会

第四十一条　国会は、国権の最高機関であつて、国の唯一の立法機関である。

第四十二条　国会は、衆議院及び参議院の両議院でこれを構成する。

第四十三条　両議院は、全国民を代表する選挙された議員でこれを組織する。

　両議院の議員の定数は、法律でこれを定める。

第四十四条　両議院の議員及びその選挙人の資格は、法律でこれを定める。但し、人種、信条、性別、社会的身分、門地、教育、財産又は収入によつて差別してはならない。

第四十五条　衆議院議員の任期は、四年とする。但し、衆議院解散の場合には、その期間満了前に終了する。

第四十六条　参議院議員の任期は、六年とし、三年ごとに議員の半数を改選する。

第四十七条　選挙区、投票の方法その他両議院の議員の選挙に関する事項は、法律でこれを定める。

第四十八条　何人も、同時に両議院の議員たることはできない。

第四十九条　両議院の議員は、法律の定めるところにより、国庫から相当額の歳費を受ける。

第五十条　両議院の議員は、法律の定める場合を除いては、国会の会期中逮捕されず、会期前に逮捕された議員は、その議院の要求があれば、会期中これを釈放しなければならない。

第五十一条　両議院の議員は、議院で行つた演説、討論又は表決について、院外で責任を問はれない。

第五十二条　国会の常会は、毎年一回これを召集する。

第五十三条　内閣は、国会の臨時会の召集を決定することができる。いづれかの議院の総議員の四分の一以上の要求があれば、内閣は、そ

の召集を決定しなければならない。
第五十四条　衆議院が解散されたときは、解散の日から四十日以内に、衆議院議員の総選挙を行ひ、その選挙の日から三十日以内に、国会を召集しなければならない。
　　衆議院が解散されたときは、参議院は、同時に閉会となる。但し、内閣は、国に緊急の必要があるときは、参議院の緊急集会を求めることができる。
　　前項但書の緊急集会において採られた措置は、臨時のものであつて、次の国会開会の後十日以内に、衆議院の同意がない場合には、その効力を失ふ。
第五十五条　両議院は、各々その議員の資格に関する争訟を裁判する。但し、議員の議席を失はせるには、出席議員の三分の二以上の多数による議決を必要とする。
第五十六条　両議院は、各々その総議員の三分の一以上の出席がなければ、議事を開き議決することができない。
　　両議院の議事は、この憲法に特別の定のある場合を除いては、出席議員の過半数でこれを決し、可否同数のときは、議長の決するところによる。
第五十七条　両議院の会議は、公開とする。但し、出席議員の三分の二以上の多数で議決したときは、秘密会を開くことができる。
　　両議院は、各々その会議の記録を保存し、秘密会の記録の中で特に秘密を要すると認められるもの以外は、これを公表し、且つ一般に頒布しなければならない。
　　出席議員の五分の一以上の要求があれば、各議員の表決は、これを会議録に記載しなければならない。
第五十八条　両議院は、各々その議長その他の役員を選任する。
　　両議院は、各々その会議その他の手続及び内部の規律に関する規則を定め、又、院内の秩序をみだした議員を懲罰することができる。但し、議員を除名するには、出席議員の三分の二以上の多数による議決を必要とする。
第五十九条　法律案は、この憲法に特別の定のある場合を除いては、両議院で可決したとき法律となる。
　　衆議院で可決し、参議院でこれと異なつた議決をした法律案は、衆議院で出席議員の三分の二以上の多数で再び可決したときは、法律となる。
　　前項の規定は、法律の定めるところにより、衆議院が、両議院の協議会を開くことを求めることを妨げない。
　　参議院が、衆議院の可決した法律案を受け取つた後、国会休会中の期間を除いて六十日以内に、議決しないときは、衆議院は、参議院がその法律案を否決したものとみなすことができる。
第六十条　予算は、さきに衆議院に提出しなければならない。
　　予算について、参議院で衆議院と異なつた議決をした場合に、法律の定めるところにより、両議院の協議会を開いても意見が一致しないとき、又は参議院が、衆議院の可決した予算を受け取つた後、国会休会中の期間を除いて三十日以内に、議決しないときは、衆議院の議決を国会の議決とする。
第六十一条　条約の締結に必要な国会の承認については、前条第二項の規定を準用する。
第六十二条　両議院は、各々国政に関する調査を行ひ、これに関して、証人の出頭及び証言並びに記録の提出を要求することができる。
第六十三条　内閣総理大臣その他の国務大臣は、両議院の一に議席を有すると有しないとにかかはらず、何時でも議案について発言するため議院に出席することができる。又、答弁又は説明のため出席を求められたときは、出席しなければならない。
第六十四条　国会は、罷免の訴追を受けた裁判官を裁判するため、両議院の議員で組織する弾劾裁判所を設ける。
　　弾劾に関する事項は、法律でこれを定める。

第五章　内閣

第六十五条　行政権は、内閣に属する。
第六十六条　内閣は、法律の定めるところにより、その首長たる内閣総理大臣及びその他の国務大臣でこれを組織する。
　　内閣総理大臣その他の国務大臣は、文民でなければならない。
　　内閣は、行政権の行使について、国会に対し連帯して責任を負ふ。
第六十七条　内閣総理大臣は、国会議員の中から国会の議決で、これを指名する。この指名は、他のすべての案件に先だつて、これを行ふ。
　　衆議院と参議院とが異なつた指名の議決をした場合に、法律の定めるところにより、両議院の協議会を開いても意見が一致しないとき、又は衆議院が指名の議決をした後、国会休会中の期間を除いて十日以内に、参議院が、指名の議決をしないときは、衆議院の議決を国会の議決とする。
第六十八条　内閣総理大臣は、国務大臣を任命する。但し、その過半数は、国会議員の中から選ばれなければならない。
　　内閣総理大臣は、任意に国務大臣を罷免することができる。
第六十九条　内閣は、衆議院で不信任の決議案を可決し、又は信任の決議案を否決したときは、十日以内に衆議院が解散されない限り、総辞職をしなければならない。
第七十条　内閣総理大臣が欠けたとき、又は衆議院議員総選挙の後に初めて国会の召集があつたときは、内閣は、総辞職をしなければならない。
第七十一条　前二条の場合には、内閣は、あらたに内閣総理大臣が任命されるまで引き続きその職務を行ふ。
第七十二条　内閣総理大臣は、内閣を代表して議案を国会に提出し、一般国務及び外交関係について国会に報告し、並びに行政各部を指揮監督する。
第七十三条　内閣は、他の一般行政事務の外、左の事務を行ふ。
　一　法律を誠実に執行し、国務を総理すること。
　二　外交関係を処理すること。
　三　条約を締結すること。但し、事前に、時宜によつては事後に、国会の承認を経ることを必要とする。
　四　法律の定める基準に従ひ、官吏に関する事務を掌理すること。
　五　予算を作成して国会に提出すること。
　六　この憲法及び法律の規定を実施するために、政令を制定すること。但し、政令には、特にその法律の委任がある場合を除いては、罰則を設けることができない。
　七　大赦、特赦、減刑、刑の執行の免除及び復権を決定すること。
第七十四条　法律及び政令には、すべて主任の国務大臣が署名し、内閣総理大臣が連署することを必要とする。
第七十五条　国務大臣は、その在任中、内閣総理大臣の同意がなければ、訴追されない。但し、これがため、訴追の権利は、害されない。

第六章　司法

第七十六条　すべて司法権は、最高裁判所及び法律の定めるところにより設置する下級裁判所に属する。

特別裁判所は、これを設置することができない。行政機関は、終審として裁判を行ふことができない。

すべて裁判官は、その良心に従ひ独立してその職権を行ひ、この憲法及び法律にのみ拘束される。

第七十七条　最高裁判所は、訴訟に関する手続、弁護士、裁判所の内部規律及び司法事務処理に関する事項について、規則を定める権限を有する。

検察官は、最高裁判所の定める規則に従はなければならない。

最高裁判所は、下級裁判所に関する規則を定める権限を、下級裁判所に委任することができる。

第七十八条　裁判官は、裁判により、心身の故障のために職務を執ることができないと決定された場合を除いては、公の弾劾によらなければ罷免されない。裁判官の懲戒処分は、行政機関がこれを行ふことはできない。

第七十九条　最高裁判所は、その長たる裁判官及び法律の定める員数のその他の裁判官でこれを構成し、その長たる裁判官以外の裁判官は、内閣でこれを任命する。

最高裁判所の裁判官の任命は、その任命後初めて行はれる衆議院議員総選挙の際国民の審査に付し、その後十年を経過した後初めて行はれる衆議院議員総選挙の際更に審査に付し、その後も同様とする。

前項の場合において、投票者の多数が裁判官の罷免を可とするときは、その裁判官は、罷免される。

審査に関する事項は、法律でこれを定める。

最高裁判所の裁判官は、法律の定める年齢に達した時に退官する。

最高裁判所の裁判官は、すべて定期に相当額の報酬を受ける。この報酬は、在任中、これを減額することができない。

第八十条　下級裁判所の裁判官は、最高裁判所の指名した者の名簿によつて、内閣でこれを任命する。その裁判官は、任期を十年とし、再任されることができる。但し、法律の定める年齢に達した時には退官する。

下級裁判所の裁判官は、すべて定期に相当額の報酬を受ける。この報酬は、在任中、これを減額することができない。

第八十一条　最高裁判所は、一切の法律、命令、規則又は処分が憲法に適合するかしないかを決定する権限を有する終審裁判所である。

第八十二条　裁判の対審及び判決は、公開法廷でこれを行ふ。

裁判所が、裁判官の全員一致で、公の秩序又は善良の風俗を害する虞があると決した場合には、対審は、公開しないでこれを行ふことができる。但し、政治犯罪、出版に関する犯罪又はこの憲法第三章で保障する国民の権利が問題となつてゐる事件の対審は、常にこれを公開しなければならない。

第七章　財政

第八十三条　国の財政を処理する権限は、国会の議決に基いて、これを行使しなければならない。

第八十四条　あらたに租税を課し、又は現行の租税を変更するには、法律又は法律の定める条件によることを必要とする。

第八十五条　国費を支出し、又は国が債務を負担するには、国会の議決に基くことを必要とする。

第八十六条　内閣は、毎会計年度の予算を作成し、国会に提出して、その審議を受け議決を経なければならない。

第八十七条　予見し難い予算の不足に充てるため、国会の議決に基いて予備費を設け、内閣の責任でこれを支出することができる。

すべて予備費の支出については、内閣は、事後に国会の承諾を得なければならない。

第八十八条　すべて皇室財産は、国に属する。すべて皇室の費用は、予算に計上して国会の議決を経なければならない。

第八十九条　公金その他の公の財産は、宗教上の組織若しくは団体の使用、便益若しくは維持のため、又は公の支配に属しない慈善、教育若しくは博愛の事業に対し、これを支出し、又はその利用に供してはならない。

第九十条　国の収入支出の決算は、すべて毎年会計検査院がこれを検査し、内閣は、次の年度に、その検査報告とともに、これを国会に提出しなければならない。

会計検査院の組織及び権限は、法律でこれを定める。

第九十一条　内閣は、国会及び国民に対し、定期に、少くとも毎年一回、国の財政状況について報告しなければならない。

第八章　地方自治

第九十二条　地方公共団体の組織及び運営に関する事項は、地方自治の本旨に基いて、法律でこれを定める。

第九十三条　地方公共団体には、法律の定めるところにより、その議事機関として議会を設置する。

地方公共団体の長、その議会の議員及び法律の定めるその他の吏員は、その地方公共団体の住民が、直接これを選挙する。

第九十四条　地方公共団体は、その財産を管理し、事務を処理し、及び行政を執行する権能を有し、法律の範囲内で条例を制定することができる。

第九十五条　一の地方公共団体のみに適用される特別法は、法律の定めるところにより、その地方公共団体の住民の投票においてその過半数の同意を得なければ、国会は、これを制定することができない。

第九章　改正

第九十六条　この憲法の改正は、各議院の総議員の三分の二以上の賛成で、国会が、これを発議し、国民に提案してその承認を経なければならない。この承認には、特別の国民投票又は国会の定める選挙の際行はれる投票において、その過半数の賛成を必要とする。

憲法改正について前項の承認を経たときは、天皇は、国民の名で、この憲法と一体を成すものとして、直ちにこれを公布する。

第十章　最高法規

第九十七条　この憲法が日本国民に保障する基本的人権は、人類の多年にわたる自由獲得の努力の成果であつて、これらの権利は、過去幾多の試錬に堪へ、現在及び将来の国民に対し、侵すことのできない永久の権利として信託されたものである。

第九十八条　この憲法は、国の最高法規であつて、その条規に反する法律、命令、詔勅及び国務に関するその他の行為の全部又は一部は、その効力を有しない。

日本国が締結した条約及び確立された国際法規は、これを誠実に遵守することを必要とする。

第九十九条　天皇又は摂政及び国務大臣、国会議員、裁判官その他の公務員は、この憲法を尊重し擁護する義務を負ふ。

第十一章　補則

第百条　この憲法は、公布の日から起算して六箇月を経過した日から、これを施行する。
　　この憲法を施行するために必要な法律の制定、参議院議員の選挙及び国会召集の手続並びにこの憲法を施行するために必要な準備手続は、前項の期日よりも前に、これを行ふことができる。

第百一条　この憲法施行の際、参議院がまだ成立してゐないときは、その成立するまでの間、衆議院は、国会としての権限を行ふ。

第百二条　この憲法による第一期の参議院議員のうち、その半数の者の任期は、これを三年とする。その議員は、法律の定めるところにより、これを定める。

第百三条　この憲法施行の際現に在職する国務大臣、衆議院議員及び裁判官並びにその他の公務員で、その地位に相応する地位がこの憲法で認められてゐる者は、法律で特別の定をした場合を除いては、この憲法施行のため、当然にはその地位を失ふことはない。但し、この憲法によつて、後任者が選挙又は任命されたときは、当然その地位を失ふ。

（1946年11月3日公布、47年5月3日施行）

Birthplace of Constitution

The postwar Japanese Constitution marks the 70th anniversary on May 3 this year since its implementation. The following articles and photos trace places associated with the birth of the Constitution and track down the process through which the supreme law has laid the foundation for Japan today.

1—Gen. Douglas MacArthur runs postwar Japan, helping to draft new Constitution

Gen. Douglas MacArthur, as supreme commander for the Allied Powers, presided over the Japanese occupation after World War II and spearheaded a campaign to draft a new Japanese Constitution from this 54-square-meter office in the Dai-Ichi Life Insurance Co. building near the Imperial Palace in Tokyo's Chiyoda Ward.

The General Headquarters of the Allied Powers (GHQ) seized the building in September 1945 and turned the Dai-Ichi Life Insurance president's sixth-floor room into MacArthur's office. He commuted from the U.S. ambassador's official residence in the Akasaka district to this office.

MacArthur initially encouraged the Japanese to revise their Constitution by themselves. In October 1945, he told former Prime Minister Fumimaro Konoe that the nation's supreme law needed to be amended. In subsequent talks with Prime Minister Kijuro Shidehara, he also mentioned the need for a new Constitution to have "more liberal content," leading the Japanese Cabinet to set up the Constitutional Problems Investigation Committee.

But the Mainichi Shimbun, in its Feb. 1, 1946 editions, got a scoop on the panel's draft Constitution, which came under fire as being too conservative and trying to maintain the status quo. On Feb. 3, MacArthur laid down three principles, including renouncing war and abolishing the feudal system. Thus began the GHQ's work on drafting a postwar Constitution.
[p.23]

2—Former Prime Minister Konoe huddles with scholars over new Constitution at Hakone inn

Former Prime Minister Fumimaro Konoe holed up in his guest room in the Naraya Ryokan inn to draft a postwar Constitution as an adviser to the government. On Oct. 4, 1945, Gen. Douglas MacArthur, supreme commander for the Allied Powers, met with Konoe and signaled the need to revise the Constitution by including elements of liberalism.

But the General Headquarters of the Allied Powers (GHQ) announced on Nov. 1 that it was not involved in Konoe's work, amid calls at home and abroad for him to take responsibility for his role in the war. Konoe in effect was relieved of his assignment by MacArthur.

Konoe kept on working and reported on Nov. 22 an outline of the revised Constitution to Emperor Hirohito. On Dec. 6, the GHQ ordered the Japanese government to arrest Konoe, who refused to be tried as a war criminal and committed suicide on Dec. 16 by taking poison at his home in Tokyo's Suginami Ward.

The Naraya Ryokan was established in the middle of the Edo period (1603-1867). Emperor Mutsuhito, posthumously known as Emperor Meiji, stayed there. Other prominent guests included former Prime Minister Nobusuke Kishi, grandfather of current Prime Minister Shinzo Abe, and other politicians and business leaders. The inn was registered as a tangible cultural property in 2000 but shut down due to financial difficulties.
[p.24]

3—Private-sector draft Constitution influences GHQ's work on postwar supreme law

Constitution scholar Yasuzo Suzuki was a key member of a private study group on the Constitution and worked in November and December 1945 to draft a new Constitution.

The group's outline of a draft Constitution was delivered to the General Headquarters of the Allied Powers (GHQ) where some officers thought it was extremely liberal. The outline said sovereignty rested with the Japanese people, denying the emperor's sovereignty, and provided for broad human rights, influencing the GHQ's work on drafting the postwar Constitution.

Suzuki immersed himself in Marxism while studying at Kyoto University and was arrested on suspicion of violating the Peace Preservation Act. He studied the Constitution in his prison cell and launched a full-fledged scholastic career after being released from prison.
[p.25]

4—Commercial Code scholar writes draft Constitution in 3 days at his villa

On New Year's Eve in 1945, State Minister Joji Matsumoto headed for his villa in Kamakura, Kanagawa Prefecture, convinced that he should draw up a draft revised Constitution by himself. Matsumoto, a leading authority on the Commercial Code and chairman of the Constitutional Problems Investigation Committee set up by the Cabinet of Prime Minister Kijuro Shidehara, spent the first three days of 1946 drafting a revised Constitution.

During a session of the Imperial Diet on Dec. 8, Matsumoto spelled out a basic policy for revising the Constitution by retaining the emperor's sovereignty.

His draft was subsequently adopted as an outline of a revised Constitution and submitted to the General Headquarters of the Allied Powers (GHQ) on Feb. 8, 1946. But the GHQ rejected the de facto government draft which virtually maintained the framework of the Meiji Constitution, including curbs on the guarantee of fundamental human rights. The GHQ instead handed Matsumoto a draft Constitution of its own.

Matsumoto's villa was seized by the GHQ. Another Japanese family has lived there since around 1969.
[p.26]

5—About 25 GHQ members draft new Constitution in 9 days

A sixth-floor conference room, with the capacity to host about 130 people, of the Dai-Ichi Life Insurance Co. building in Tokyo's Yurakucho district was a workroom for about 25 members of the General Headquarters of the Allied Powers (GHQ) in February 1946 when they drafted a new Japanese Constitution in nine days.

The former office of Gen. Douglas MacArthur, supreme commander of the Allied Powers, on the same floor is still preserved, but the conference room underwent renovation and is now used by the insurance company.

Courtney Whitney, head of the GHQ's Government Section, played a key role in drafting the postwar Japanese Constitution. After the Mainichi Shimbun's scoop on a draft Constitution prepared by the government of Prime Minister Kijuro Shidehara's Constitutional Problems Investigation Committee, he ordered his staff to draft a Constitution. His top deputy, Charles Kades, ran the team made up of legislation, administration, judicial, human rights and four other committees.

The draft was delivered to MacArthur on the night of Feb. 10 and completed on Feb. 12 after revisions. It was presented to the Japanese government on Feb. 13.
[p.27]

6—Foreign Minister Yoshida, other Japanese ministers stunned by GHQ's draft Constitution

Courtney Whitney, head of the Government Section, the General Headquarters of the Allied Powers (GHQ), and his colleagues handed copies of a draft Constitution to Foreign Minister Shigeru Yoshida and State Minister Joji Matsumoto in a room of the foreign minister's official residence in Tokyo's Azabu district on Feb. 13, 1946. GHQ records say the Japanese ministers were stunned.

In delivering the copies, Whitney rejected the Japanese government's draft Constitution and gave Yoshida and other Japanese officials time to read them. The GHQ's draft Constitution defined the emperor as a symbol of the state and spelled out the renunciation of war.

Whitney returned to the room and explained to Yoshida and other Japanese officials that the GHQ's draft Constitution was meant to protect the emperor and would meet the needs of the Japanese people, alluding to calls within the Allied Powers to pursue the emperor's responsibility for the war.
[p.28]

7—Diet debates revisions to Constitution, making important amendments

Hitoshi Ashida, chairman of a special parliamentary committee on revising the Constitution, delivered a speech in a plenary session of the House of Representatives on Aug. 24, 1946, emphasizing that the main characteristic of the revised Constitution was the renunciation of war. Lawmakers excitedly clapped their hands.

Earlier, the government sent the draft legislation to the special committee on June 25, and a subcommittee was created to make amendments. Ashida, who was later to become prime minister, served as chairman of both panels. The subcommittee held 13 closed-door sessions between July 25 and Aug. 20.

In the process, the draft Constitution underwent amendments such as the insertion of the phrase "In order to accomplish the aim of the preceding paragraph" in war-renouncing Article 9, clear reference to the sovereignty of the Japanese people and the addition of the right to life, thus significantly influencing postwar Japanese society.
[p.29]

8—100,000 people assemble in Imperial Palace Plaza to welcome new Japanese Constitution

More than 100,000 people gathered in the Imperial Palace Plaza to celebrate the promulgation of the postwar Japanese Constitution on Nov. 3, 1946.

Earlier in the day, Emperor Hirohito, posthumously known as Emperor Showa, delivered a speech on the new Constitution in the House of Peers chamber. As the emperor arrived at the Imperial Palace Plaza in a carriage, the crowd shouted "banzai" cheers.

According to a public opinion poll on about 2,000 men and women taken by the Mainichi Shimbun in May 1946 before parliamentary deliberations on the new Constitution, 70% were in favor of a war-renouncing article and 85% supported an imperial system with the emperor as a symbol of the state.

On the night of the new Constitution's promulgation, Prime Minister Shigeru Yoshida said in a radio address that the Constitution was put into shape through representatives of the Japanese people and reflected the people's freely expressed will.
[p.30]

Chronology and Commentary on Chapters

Chapter 1 "Recovery" – From end of World War II to new Constitution

Japan rose from the ashes of World War II after its surrender in the summer of 1945 and started work on a new Constitution. The government set up the Constitutional Problems Investigation Committee in October 1945.

But Gen. Douglas MacArthur, supreme commander of the Allied Powers, was dissatisfied with a draft Constitution prepared by the committee. He spelled out three principles – maintaining the emperor system, renouncing war and ending the feudal system – for revising the Constitution in February 1946 and ordered the General Headquarters of the Allied Powers (GHQ) to write a draft Constitution. The GHQ drew up a draft Constitution in nine days and delivered it to the Japanese government.

The government produced a new draft Constitution based on the GHQ version and in June submitted it as a revised version of the Constitution of the Empire of Japan (Meiji Constitution) to the Imperial Diet. It was modified in the course of parliamentary deliberations and enacted on Oct. 7, 1946.

The new Constitution, championing the three basic principles of the sovereignty of the people, respect for fundamental human rights and pacifism, was promulgated on Nov. 3 and took effect on May 3, 1947. Emperor Hirohito issued a "Humanity Declaration" in January 1946 and his status changed from "the head of the Empire" under the Meiji Constitution to "the symbol of the State of Japan" under the new Constitution.

Ceremonies were held to celebrate the new Constitution's promulgation and enforcement and the Japanese people welcomed it. The Constitution Popularization Society distributed copies of a booklet titled "New Constitution – Bright Life" to every household in Japan to popularize the spirit of the new Constitution.

1945	Aug. 15	Emperor Hirohito announces in radio address Japan's surrender in World War II
	Sept. 2	Foreign Minister Mamoru Shigemitsu signs surrender documents aboard USS Missouri
	Sept. 27	Emperor Hirohito meets Gen. Douglas MacArthur, supreme commander of Allied Powers
	Oct. 4	MacArthur indicates constitutional revision in talks with former Prime Minister Fumimaro Konoe
	Oct. 11	MacArthur refers to need for more liberal Constitution in talks with Prime Minister Kijuro Shidehara
	Oct. 25	Government sets up Constitutional Problems Investigation Committee
1946	Jan. 1	Emperor Hirohito issues "Humanity Declaration" denying his divinity
	Jan. 24	Prime Minister Shidehara meets MacArthur
	Feb. 1	Mainichi Shimbun reports on draft Constitution
	Feb. 3	MacArthur presents three principles for revising Constitution
	Feb. 13	General Headquarters of Allied Powers (GHQ) delivers draft Constitution to Foreign Minister Shigeru Yoshida
	Feb. 19	Emperor Hirohito begins nationwide tours from Kanagawa Prefecture
	March 6	Government announces draft Constitution
	April 10	House of Representatives election held in first poll allowing people over 20 to vote; 39 women elected
	April 17	Government announces draft revised Constitution
	May 3	International Military Tribunal for Far East (Tokyo Trials) opens
	June 20	Government submits draft Constitution legislation to Imperial Diet
	Oct. 7	Revised Constitution wins parliamentary approval, enacted into law
	Nov. 3	Japanese Constitution promulgated, ceremony held at Imperial Palace Plaza
	Dec. 1	Constitution Popularization Society established, later distributes booklet "New Constitution – Bright Life" to households across Japan
1947	March 31	Basic Act on Education enacted
	May 3	New Japanese Constitution takes effect
	May 20	First Diet session convened under new Constitution
1947	May 3	New Japanese Constitution takes effect
	May 20	First Diet session convened under new Constitution
1948	Nov. 12	Former Prime Minister Hideki Tojo, other Class-A war criminals found guilty in Tokyo Trials

(overseas events in local time)

Chapter 2 "Peace" – Birth of Self-Defense Forces & struggle over new security treaty

The new Constitution says in its preamble the Japanese people "desire peace for all time." Article 9 providing for the renunciation of war spells out its objective, saying "land, sea and air forces, as well as other war potential, will never be maintained" to declare pacifism as one of the Constitution's basic principles.

But once the Korean War broke out in June 1950, the General Headquarters of the Allied Powers (GHQ) ordered the Japanese government to establish the National Police Reserve. In September 1951, Japan signed the San Francisco Peace Treaty and the Japan-U.S. Security Treaty. Japan regained its sovereignty in 1952. As the West led by the United States and the East led by the Soviet Union faced off, Japan joined the Western camp, and the National Police Reserve was reorganized as the National Safety Force in October 1952, becoming the Self-Defense Forces (SDF) in July 1954. Japan's rearmament led to controversy over the Constitution and debate on whether the SDF violates Article 9 continues to this day.

The Liberal Democratic Party, established through a conservative alliance in 1955, advocated an independent Constitution and the Cabinet of Prime Minister Ichiro Hatoyama created the Commission on the Constitution within the government. Prime Minister Nobusuke Kishi who came to power in 1957 expressed a resolve to revise the Constitution.

But after the revised Japan-U.S. Security Treaty legislation was railroaded through the House of Representatives, violent demonstrations around the Diet Building ensued, forcing Kishi to resign following the entry into force of the revised Japan-U.S. Security Treaty in June 1960.

1950	June 25	Korean War breaks out
	Aug. 10	National Police Reserve established
1951	Sept. 8	Japan signs San Francisco Peace Treaty & Japan-U.S. Security Treaty
1952	April 28	San Francisco Peace Treaty & Japan-U.S. Security Treaty take effect
	Oct. 15	National Safety Force established in place of National Police Reserve
1954	July 1	Defense Agency established, Self-Defense Forces replace National Safety Force
1955	Oct. 13	Leftist, rightist socialist parties merge into Japan Socialist Party
	Nov. 15	Conservative alliance forms Liberal Democratic Party, vows to write independent Constitution
1956	June 11	Prime Minister Ichiro Hatoyama's Cabinet sets up Constitutional Research Group
	Dec. 18	Japan joins United Nations
1957	Feb. 25	Prime Minister Nobusuke Kishi launches Cabinet
	July 8	Protesters arrested for entering U.S. military base in Sunagawa in suburban Tokyo to protest against expansion of U.S. Tachikawa Air Force Base
1959	March 30	Tokyo District Court finds stationing of U.S. troops unconstitutional in Sunagawa Incident ruling
	April 10	Crown Prince Akihito (now Emperor Akihito) marries Michiko Shoda (Empress Michiko)
	Dec. 16	Supreme Court overturns lower court ruling on Sunagawa Incident
1960	Jan. 19	Japan-U.S. Security Treaty revised, Administrative Agreement replaced by Status of Forces Agreement
	May 20	Legislation revising Japan-U.S. Security Treaty railroaded through House of Representatives, triggering massive protests around Diet Building
	June 15	Student radicals storm Diet Building, University of Tokyo student Michiko Kamba dies
	June 19	Revised Japan-U.S. Security Treaty enacted without upper house vote under constitutional rule giving priority to lower house action
	June 23	Revised Japan-U.S. Security Treaty takes effect, Prime Minister Kishi announces resignation

(overseas events in local time)

Chapter 3 "Growth" – Era of rapid economic growth & challenges surrounding Constitution

Prime Minister Hayato Ikeda who succeeded Kishi set out an income-doubling plan, prioritizing the Japanese economy. As Japan entered an era of rapid economic growth, it played host to the Tokyo Olympics and touted its recovery to the world in 1964. The Tokaido Shinkansen Line linking Tokyo with Osaka by bullet train also opened. Prime Minister Eisaku Sato succeeded in winning the reversion of Okinawa from the United States to Japanese control in 1972. Prime Minister Kakuei Tanaka promoted a reorganization plan for the Japanese archipelago and realized the restoration of diplomatic relations with China later in 1972.

As Japan enjoyed economic growth, debate on constitutional revision subsided. But the Minamata disease, Yokkaichi asthma and other pollution diseases came to the fore and challenges facing the Constitution, such as separation of politics and religion, freedom of expression and voter value disparity in House of Representatives elections, surfaced during this era. In 1985, Prime Minister Yasuhiro Nakasone visited Tokyo's Yasukuni Shrine where Class-A war criminals are enshrined along with the war dead, drawing criticism from China and South Korea.

Japan and the United States adopted defense cooperation guidelines between the Self-Defense Forces and the U.S. military in 1978. Prime Minister Nakasone said during his visit to Washington in 1983 that the two countries share a common destiny and that the Japanese archipelago is an "unsinkable aircraft carrier."

1960	July 19	Prime Minister Hayato Ikeda launches Cabinet, unveils income-doubling plan
	Oct. 19	Tokyo District Court rules administrative decision unconstitutional in "Asahi case" of public welfare benefit payment, upholding plaintiff's claim of infringement of his right to maintain minimum standards of living guaranteed under Article 25
1964	Oct. 1	Tokaido Shinkansen Line inaugurated
	Oct. 10	Tokyo Olympics open
	Nov. 9	Prime Minister Eisaku Sato launches Cabinet
1965	June 12	Tokyo University of Education professor Saburo Ienaga files lawsuit claiming textbook screening violates Constitution (followed by two more lawsuits)
1967	April 21	Prime Minister Sato announces three principles on arms exports
1970	March 14	Osaka Expo opens
	March 31	Japan Airlines' "Yodo-go" jetliner bound from Tokyo to Fukuoka hijacked by Red Army Faction members, who later surrender in North Korea
	Nov. 25	Novelist Yukio Mishima and members of his group storm SDF's Ichigaya garrison in Tokyo; Mishima commits suicide in failed coup attempt after calling for constitutional revision
1971	May 14	Nagoya High Court rules Tsu City's payment for Shinto groundbreaking ceremony

		unconstitutional (Supreme Court upholds its constitutionality in 1977)
1972	Feb. 19	Members of United Red Army storm Asama mountain villa in Nagano Prefecture, leading to 10-day siege
	May 15	U.S. returns rule over Okinawa to Japan
	July 7	Prime Minister Kakuei Tanaka launches Cabinet, champions Japanese archipelago reorganization plan
	Sept. 29	Japan, China issue joint communiqué, restore diplomatic relations
1973	April 4	Supreme Court rules unconstitutional Penal Code provision imposing harsh penalty for patricide
	Oct. 6	Middle East War breaks out, triggering Arab oil embargo
1975.	Aug. 15	Prime Minister Takeo Miki visits Yasukuni Shrine on 30th anniversary of WWII's end, becoming 1st incumbent premier to do so
	Nov. 21	Emperor Hirohito visits Yasukuni Shrine for last time
1976	April 14	Supreme Court rules vote weight disparity in 1972 House of Representatives election unconstitutional
	July 27	Tokyo District Public prosecutors arrest former Prime Minister Tanaka in Lockheed payoff scandal
1978	Oct. 17	Yasukuni Shrine enshrines former Prime Minister Tojo and other Class-A war criminals
	Nov. 27	Japan, U.S. adopt defense cooperation guidelines
1982	Nov. 27	Prime Minister Yasuhiro Nakasone launches Cabinet
1983	Jan. 18	Prime Minister Nakasone says in summit talks with President Ronald Reagan that Japan and U.S. share common destiny; makes "unsinkable aircraft carrier" remark to Washington Post
1985	July 17	Supreme Court rules vote weight disparity in 1983 House of Representatives election unconstitutional
1985	Aug. 15	Prime Minister Nakasone visits Yasukuni Shrine
1987	April 1	Japanese National Railways privatized

(overseas events in local time)

Chapter 4 "Turning Point" – From end of Cold War to turbulent world

The Cold War between the capitalist camp led by the United States and the communist/socialist bloc led by the Soviet Union came to an end in 1989. The Berlin Wall collapsed, and the Soviet Union disintegrated in 1991 into Russia and various other countries.

In Japan, Emperor Hirohito passed away (to be posthumously known as Emperor Showa), the nation's bubble economy inflated by soaring stock and asset prices burst and the Liberal Democratic Party's uninterrupted rule since 1955 ended, heralding a historic turning point in the search for a new system.

After a multinational coalition of the United States and other countries launched military strikes against Iraq in January 1991 following Iraq's invasion of Kuwait, Japan came under pressure to make contributions to the war effort. Maritime Self-Defense Force minesweepers were sent to the Persian Gulf after the war ended. Japan enacted the International Peace Cooperation Law in 1992 and soon dispatched SDF peacekeepers to Cambodia.

Junichiro Kozumi assumed the premiership in April 2001 and visited Yasukuni Shrine in August, triggering criticism from China and South Korea, but he kept visiting the Shinto shrine during his administration.

1989	Jan. 7	Emperor Hirohito dies, posthumously known as Emperor Showa
	Nov. 9	Berlin Wall falls
	Dec. 3	U.S., Soviet leaders declare end of Cold War at Malta Summit
	Dec. 29	Nikkei Stock Average soars to all-time closing high of 38,915 points
1991	Jan. 17	Persian Gulf War begins
	April 26	Japan dispatches minesweepers to Persian Gulf, marking first overseas deployment of Self-Defense Forces
	Dec. 25	Soviet Union disintegrates into Russia and other independent states
1992	June 15	Japan enacts U.N. Peacekeeping Cooperation Law
	Sept. 17	Japan dispatches SDF peacekeepers to Cambodia
1993	June 9	Crown Prince Naruhito marries former diplomat Masako Owada
	Aug. 9	Prime Minister Morihiro Hosokawa launches coalition Cabinet, ending LDP's rule under 1955 political system
1994	July 20	Prime Minister Tomiichi Murayama of Social Democratic Party declares SDF constitutional in Diet session
1995	Jan. 17	Great Hanshin Earthquake occurs
	March 20	Sarin gas attack on Tokyo subways takes place
	Aug. 15	Prime Minister Murayama voices apology for Japan's wartime aggression on 50th anniversary of WWII's end
1997	Aug. 29	Supreme Court rules textbook screening constitutional in third Ienaga lawsuit but finds illegal screeners' calls to delete some descriptions in his history textbook (series of Ienaga lawsuits concluded)
	Sept. 23	Japan, U.S. adopt new defense cooperation guidelines
1999	May 24	Legislation to ensure Japan's peace and security in perilous situations around country enacted
	Aug. 9	Legislation to recognize "Hinomaru" as national flag and "Kimigayo" as national anthem enacted
2000	Jan. 20	Research Commission on Constitution established in both houses of Diet

2001	April 26	Prime Minister Junichiro Koizumi launches Cabinet
	Aug. 13	Prime Minister Koizumi visits Yasukuni Shrine

(overseas events in local time)

Chapter 5 "Adrift" – Terror attacks on U.S. & full-scale overseas deployment of SDF

On Sept. 11, 2001, hijacked jetliners were crashed into the World Trade Center complex in New York as part of orchestrated terrorist attacks on the United States, shocking the world. The U.S. and British militaries waged war on terrorism, striking Afghanistan. The Iraq War began in March 2003.

The Japanese government created the Anti-Terrorism Special Measures Law in 2001 and had MSDF vessels supply fuel and water to warships of the United States and other countries in the Indian Ocean. Under the Armed Attack Situations Response Act and other legislation enacted to help rebuild Iraq, Japan sent SDF personnel to Samawah in southern Iraq.

The Research Commission on the Constitution was established in the House of Representatives and the House of Councillors in 2000 to conduct wide-ranging and comprehensive research. The parliamentary commissions drew up final reports in 2005. In the same year, the LDP released a draft new Constitution in which war-renouncing Article 9 was amended to define the SDF as national defense forces. But Prime Minister Koizumi did not act to amend the postwar Constitution.

2001	Sept. 11	Terror attacks on U.S. take place
	Oct. 7	U.S., Britain launch military strikes against Afghanistan
	Oct. 29	Diet passes Anti-Terrorism Special Measures Law
	Nov. 9	Japan dispatches MSDF destroyers and supply ship to Indian Ocean to provide noncombat support to U.S.-led attacks on Afghanistan (MSDF vessels withdrawn in 2010 due to expiry of anti-terrorism law)
2002	Feb. 15	Japan decides to send GSDF unit to East Timor for participation in U.N. peacekeeping operations
	Sept. 17	Prime Minister Koizumi visits Pyongyang, North Korean leader Kim Jong Il apologizes over abduction of Japanese nationals
2003	March 19	Iraq War begins
	June 6	Japan enacts Armed Attack Situations Response Act, two other laws
	July 26	Diet passes bill into law authorizing dispatch of SDF members to help rebuild Iraq
2004	Jan. 19	GSDF advance mission arrives in Samawah, southern Iraq
	June 14	Diet approves civil protection law, other bills to supplement war contingency legislation
2005	April 15	House of Representatives Research Commission on Constitution issues final report; House of Councillors Research Commission on Constitution does same on April 20
	Oct. 28	LDP unveils draft new Constitution

	Nov. 22	LDP celebrates 50th anniversary of its founding
2006	Aug. 15	Prime Minister Koizumi visits Yasukuni Shrine on anniversary of WWII's end

(overseas events in local time)

Chapter 6 "In Search" – Constitution's 70th anniversary & debate on constitutional revision

Prime Minister Shinzo Abe came to power in September 2006 and enacted a law on procedures for a national referendum in 2007 in a bid to revise the Constitution. After his return to power in December 2012, he won parliamentary approval for a state secrecy law, removed three principles on arms exports and, in September 2015, created legislation to enable Japan to exercise the right to collective self-defense.

In 2016, the Abe government ordered SDF peacekeepers in South Sudan to engage in rush-and-rescue missions under the new national security law enacted in 2015.

The Great East Japan Earthquake, tsunami and subsequent Fukushima Daiichi nuclear power plant disaster in March 2011 caused heavy casualties and many evacuees. As the globalization of the Japanese economy progresses, poverty and gaps between the haves and have-nots have become matters of serious concern.

In August 2016, Emperor Akihito released a videotaped message expressing his readiness to step down to make way for Crown Prince Naruhito.

In 2012, the then largest opposition party, the LDP, unveiled a draft Constitution characterizing the SDF as national defense forces. A House of Councillors election in 2016 enabled the LDP and other parties in favor of revising the postwar Constitution to win more than a two-thirds majority, setting the stage for renewed debate on amending the Constitution.

2006	Sept. 26	Prime Minister Shinzo Abe launches Cabinet
2007	Jan. 9	Defense Agency upgraded to Defense Ministry
	May 14	Law on national referendum providing for constitutional revision procedures enacted
	Aug. 7	Commission on Constitution created in both houses of Diet
2008	June 4	Supreme Court rules unconstitutional Nationality Law provision requiring parental marriage for child's citizenship acquisition
	Dec. 31	Tent village for temporary workers opens at Hibiya Park
2009	Sept. 16	Prime Minister Yukio Hatoyama launches coalition Cabinet of Democratic Party of Japan, Social Democratic Party and People's New Party
2011	March 11	Great East Japan Earthquake and tsunami occur, triggering Fukushima nuclear accident
2012	April 27	LDP releases draft revised Constitution defining SDF as national defense forces
	Dec. 26	Abe returns to power as prime minister, launches Cabinet
2013	Dec. 6	Japan enacts state secrecy law

2014	April 1	Japan removes three principles on arms exports, adopts new principles and guidelines
	July 1	Government decides to change constitutional interpretation to enable Japan to exercise right to collective defense
	Dec. 14	LDP, Komeito retain two-thirds majority in Houses of Representatives election
2015	April 27	Japan, U.S. revise defense cooperation guidelines
	June 17	Diet enacts legislation to lower voting age to 18 from 20 (law takes effect in June 2016)
	Sept. 19	Diet enacts legislation to enable Japan to exercise right to collective self-defense
	Dec. 16	Supreme Court rules six-month remarriage ban for women unconstitutional
2016	March 29	New security laws take effect
	May 27	U.S. President Barak Obama visits Hiroshima
	July 10	LDP, other parties in favor of revising Constitution win more than two-thirds majority in House of Councillors election
	Aug. 8	Emperor Akihito signals readiness to abdicate in videotaped message
	Nov. 3	70th anniversary of Constitution's promulgation
	Nov. 15	Cabinet decides to assign SDF personnel to engage in rush-and-rescue missions during peacekeeping operations in South Sudan
	Nov. 16	House of Councillors Commission on Constitution holds meeting for first time since July election; House of Representatives Commission on Constitution holds meeting on Nov. 17
	Dec. 27	Prime Minister Abe, President Obama visit Pearl Harbor, Hawaii
2017	May 3	Postwar Japanese Constitution marks 70th anniversary of its implementation

(overseas events in local time)

Caption

Chapter 1

1) Japanese delegation led by Mamoru Shigemitsu as civilian plenipotentiary (center) boards USS Missouri on Sept. 2, 1945, to sign surrender documents. (Courtesy of U.S. Department of Defense)

2) Japanese Emperor Hirohito (right) meets Gen. Douglas MacArthur, supreme commander of Allied Powers, at U.S. Embassy in Tokyo's Akasaka district on Sept. 27, 1945.

3) Blackened textbooks are on display at textbook library in Tokyo's Kita Ward to show efforts by General Headquarters of Allied Powers (GHQ) to get rid of militarism from Japanese education after World War II.

4) Prime Minister Kijuro Shidehara visits Gen. Douglas MacArthur on Oct. 11, 1945. Who came up with idea of war-renouncing Article 9 remains mystery to this day.

5) People flock to black market in front of Tokyo's Shimbashi Station in search of food and clothes on Feb. 5, 1946.

6) Cabinet spokesman Wataru Narahashi announces outline of draft revised Constitution on March 6, 1946.

7) Women cast ballots at polling station in Yotsuya ward office (now in Tokyo's Shinjuku Ward) on April 10, 1946, in House of Representatives election in which women were allowed to vote for first time.

8) Defendants indicted as Class-A war criminals (two rows on right) look at map at International Military Tribunal for Far East (Tokyo Trials) on June 13, 1946. In November 1948, all 25 defendants were found guilty, including former Prime Minister Hideki Tojo and six others who were sentenced to death by hanging.

9) People sit on nose of heavily crowded train in August 1946 as they go shopping after government lifts fixed official prices of perishables in November 1945 amid runaway inflation.

10) House of Representatives approves revised Constitution in plenary session on Oct. 7, 1946, enacting it into law.

11) Emperor Hirohito visits Nagoya on Oct. 22, 1946, as part of nationwide tours over eight-year period after issuing "Humanity Declaration" denying his divinity.

12) Emperor Hirohito signs new Japanese Constitution at Imperial Palace in Tokyo on Oct. 30, 1946.

13) Original copy of new Japanese Constitution (Courtesy of National Archives of Japan)

14) Children at elementary school in Tokyo make "Hinomaru" flags on Nov. 1, 1946, for ceremonies celebrating new Constitution.

15) People in Tokyo's Ginza shopping district celebrate new Constitution's promulgation on Nov. 3, 1946.

16) People listen to outdoor lecture on new Constitution in front of Tokyo's Shinjuku Station on March 17, 1947.

17) Members of soon-to-be dissolved House of Peers leave chamber on March 31, 1947, ahead of House of Representatives election to be held under new Constitution.

18) New signboard at entrance to National Diet Building denotes House of Councillors replacing House of Peers as new Constitution takes effect on May 3, 1947.

19) Emperor Hirohito, carrying umbrella, waves to well-wishers at Imperial Palace Plaza celebrating new Constitution's launch on May 3, 1947.

20) Left: Constitution Popularization Society distributes 20 million copies of booklet "New Constitution – Bright Life" to households across Japan.

Right: Education Ministry (Now Ministry of Education, Culture, Sports, Science and Technology) publishes social studies textbook on new war-renouncing Constitution in 1947.

21) Flower-decorated streetcars travel around Tokyo's Kanda-Suda district on May 4, 1947, as part of new Constitution's celebrations.

22) Boys join girls in learning sewing skills during home economics class at elementary school in Kanazawa, Ishikawa Prefecture, on May 22, 1947. Public schools became coeducational under postwar Fundamental Law of Education.

23) Emperor Hirohito delivers speech at inaugural Diet session under new Constitution on June 23, 1947.

24) Imperial Household Council decides to drop 51 members of 11 out of 14 royal households from imperial family on Oct. 13, 1947, under new Constitution.

Chapter 2

25) Applicants for newly established National Police Reserve get medical checkups at Police Academy in Tokyo's Nakano district on Aug. 17, 1950. GHQ orders Prime Minister Shigeru Yoshida to create reserve following outbreak of Korean War.

26) Refugees cross destroyed bridge over Taedong River on northwestern Korean Peninsula in December 1950 after Korean War breaks out on June 25. (AP)

27) U.S. special presidential envoy John Dulles meets Prime Minister Shigeru Yoshida in Tokyo on Jan. 29, 1951, to negotiate San Francisco Peace Treaty and Japan-U.S. Security Treaty.

28) Left: Novelist/translator Sei Ito (right) and Hisajiro Oyama, president of Oyama Shoten publishing house, stand trial for distributing obscene objects in connection with publication of Japanese version of British novelist D.H. Lawrence's "Lady Chatterley's Lover" during first hearing on May 8, 1951.

Right: (from left in front row) Novelists Ango Sakaguchi, Seiichi Funabashi and Suekichi Aono sit in court gallery. Ito was found innocent but Oyama guilty in district court ruling, but Supreme Court found both men guilty in 1957. Complete Japanese version of "Lady Chatterley's Lover" was published in 1996.

29) Prime Minister Shigeru Yoshida signs Japan-U.S. Security Treaty in San Francisco suburb of Presidio on Sept. 8, 1951. He also signed San Francisco Peace Treaty, restoring Japan's sovereignty. Both treaties took effect in April 1952.

30) "Hinomaru" flags are hoisted in Tokyo's Ginza district and elsewhere across Japan on Sept. 8, 1951, to celebrate signing of San Francisco Peace Treaty restoring Japan's sovereignty.

31) Labor disputes frequently occur under new Constitution, including 48-hour walkouts at Mitsukoshi department store chain's outlets in Tokyo's Nihonbashi and Ginza (as seen in this photo on Dec. 18, 1951) as well as in Shinjuku.

32) Members of newly created National Safety Force participate in celebratory parade on Tokyo's Harumi Street on Oct. 15, 1952. The new force, replacing National Police Reserve, consisted of 110,000 ground troops, 7,600 naval personnel, 120 planes and 68 vessels.

33) Newly launched National Safety Force's 16 M24 light tanks parade in Gunma and Saitama prefectures on Jan. 22, 1953. The tanks were provided by U.S. military. The force was replaced by Self-Defense Forces in 1954.

34) Union members and other employees at textile manufacturer Omi Kenshi Boseki (present-day Omikenshi Co.) stage protest rally at Hikone factory in Shiga Prefecture on June 13, 1954, seeking freedom of marriage, protection of private mail and end to compulsory Buddhist practices, etc.

35) Self-Defense Forces (SDF) flag (left) and its warship flag are unveiled on June 26, 1954, before SDF's launch along with signs of Defense Agency and National Defense Academy penned by Tokutaro Kimura (far left), director general of National Safety Agency.

36) Members of Ground, Maritime and Air Self-Defense Forces parade during ceremony in Tokyo's Ecchujima district on July 1, 1954, marking their inauguration and establishment of Defense Agency.

37) Key members of Liberal Party and Reform Party gather on Sept. 19, 1954, to form new party, challenging Prime Minister Shigeru Yoshida's leadership: (from left) Tanzan Ishibashi, Ichiro Hatoyama, Nobusuke Kishi, Bukichi Miki, Mamoru Shigemitsu and Kenzo Matsumura. They formed Japanese Democratic Party in November, launching Hatoyama Cabinet in December. The new party merged with Liberal Party to form Liberal Democratic Party in 1955.

38) Opponents of expansion of U.S. Tachikawa Air Force Base clash with police in Sunagawa in suburban Tokyo on Sept. 13, 1955. Seven protesters were indicted for entering U.S. military base on July 8, 1957, in violation of special criminal law pertaining to postwar Constitution and Japan-U.S. Security Treaty.

39) Delegates to joint meeting of leftist and rightist socialist parties shout "banzai" cheers in Tokyo's Kanda district in early hours of Oct. 14, 1955, following their reunification overnight, advocating protection of Constitution and opposition to Japan-U.S. Security Treaty.

40) Conservative forces establish Liberal Democratic Party at Chuo University Auditorium in Tokyo's Kanda district on Nov. 15, 1955, championing legislation of new Constitution of their own.

41) Crown Prince Akihito (now Emperor Akihito) and commoner Michiko Shoda (Empress Michiko) leave Imperial Household Agency on April 10, 1959, after reporting their marriage to Emperor Hirohito and Empress Nagako.

42) People watch wedding parade of Crown Prince Akihito and Crown Princess Michiko in open carriage in Tokyo's Yotsuya district on April 10, 1959.

43) Fishermen and others storm Minamata factory of Japan Nitrogenous Fertilizer Co. (present-day Chisso Corp.) in Kumamoto Prefecture in October 1959, demanding compensation for depriving them of their livelihood due to mercury poisoning, subsequently known as Minamata disease, one of four major pollution-caused illnesses during era of Japan's high economic growth.

44) Supreme Court finds U.S. military presence in Japan constitutional in Sunagawa Incident ruling on Dec. 16, 1959, throwing out district court sentence against stationing of U.S. troops.

45) (From left) Prime Minister Nobusuke Kishi, Foreign Minister Aiichiro Fujiyama and Liberal Democratic Party General Council Chairman Mitsujiro Ishii leave Tokyo's Haneda airport on Jan. 16, 1960, for U.S. to sign revised Japan-U.S. Security Treaty.

46) House of Representatives Speaker Ichiro Kiyose (center, holding mike) lets in 500 policemen inside Diet chamber to remove Japan Socialist Party members and others on May 19, 1960, leading ruling Liberal Democratic Party to unilaterally decide to extend Diet session and enabling lower house to approve revised Japan-U.S. Security Treaty following day.

47) Opponents of revised Japan-U.S. Security Treaty surround National Diet Building on June 18, 1960, before it takes effect.

Chapter 3

48) Prime Minister Hayato Ikeda makes New Year's visit to Meiji Jingu Shrine in Tokyo on Jan. 1, 1961, after Cabinet decision previous month on his income-doubling plan.

49) Ishimatsu Yoshida (left, with hands joined), 83, thanks Toichi Kobayashi (right), presiding judge of Nagoya High Court, on March 1, 1963, for not-guilty verdict in 1913 robbery-murder case in Nagoya after serving 22 years in prison.

50) Reisuke Ishida (center on podium), president of Japanese National Railways (JNR), cuts ribbon at Tokyo Station on Oct. 1, 1964, to inaugurate Tokaido Shinkansen Line linking Tokyo and Shin-Osaka in four hours by Hikari bullet train. JNR was privatized on April 1, 1987.

51) Olympic cauldron is lit during opening ceremony of Tokyo Olympics at National Stadium on Oct. 10, 1964.

52) Kenji Asahi (right) and his wife Kimiko hold his plaintiff father Shigeru's portrait and bouquet of roses on May 24, 1967, when Supreme Court declares end of his trial over allegedly too small public welfare benefit payment upon his death in 1964 despite claim of infringement of his right to maintain minimum standards of living guaranteed under Article 25 of Constitution.

53) Tokyo University of Education (present-day University of Tsukuba) professor Saburo Ienaga holds letters and collections of messages from supporters for his lawsuit on June 12, 1967, claiming textbook screening violates Constitution. He filed two more lawsuits. Supreme Court turned down his third and final lawsuit in August 1997, ending his 32-year legal battle.

54) Protesters fill streets in Tokyo's Sukiyabashi and Ginza districts on April 28, 1969, demanding immediate return of Okinawa from U.S. Student radicals and others clashed with police and about 1,000 people were arrested.

55) People flock to Osaka Expo on Sept. 5, 1970, before its closure on Sept. 13. About 64 million people visited Expo during six-month period from March 14.

56) Novelist Yukio Mishima gives address after he and members of his group storm Tokyo headquarters of SDF's Eastern Command on Nov. 25, 1970. Mishima committed suicide in failed coup attempt after calling for constitutional revision.

57) Nagoya High Court rules Tsu City's payment for Shinto ground-breaking ceremony unconstitutional on May 14, 1971, under constitutional principle of separating government and religion. Supreme Court upheld its constitutionality in 1977.

58) Foreign Minister Kiichi Aichi (right) and U.S. Ambassador to Japan Armin Meyer sign Okinawa reversion agreement in Tokyo on June 17, 1971. The pact obliged U.S. to make *ex gratia* payments for land-restoring costs but secret deal called on Japan to shoulder $4 million of the costs. Multiple secret pacts were also signed over Okinawa reversion.

59) Prime Minister Eisaku Sato tells House of Councillors Budget Committee session on April 8, 1972, that Japan needs state secret protection law in wake of Foreign Ministry document leaks over Okinawa's reversion to Japan.

60) Okinawa farmers work near U.S. military base in Okinawa days after reversion of Okinawa to Japan on May 15, 1972

61) Minamata disease patient sitting on table pleads with Chisso Corp. President Kenichi Shimada (right) in Tokyo on March 24, 1973, to respond to sufferings from mercury poisoning caused by Chisso factory in Minamata, Kumamoto Prefecture. Japan adopted Basic Law for Environmental Pollution Control in 1967 and created Environment Agency in 1971.

62) Prime Minister Takeo Miki visits Yasukuni Shrine in Tokyo on Aug. 15, 1975, becoming 1st incumbent premier to do so after end of World War II. He said he paid visit to Shinto shrine as private citizen.

63) Emperor Hirohito visits Yasukuni Shrine in Tokyo on Nov. 21, 1975, for last time. Revelation in 1978 that Class-A war criminals are enshrined is said to have prompted him to stop visiting this Shinto shrine.

64) Upper house member Fusae Ichikawa (far right) holds press conference following Supreme Court verdict on April 14, 1976, ruling vote weight disparity in 1972 House of Representatives election unconstitutional. Top court also delivered similar verdict on 1983 lower house election. After introduction of single-seat constituency system in 1994, top court ruled general elections in 1996, 2000 and 2005 constitutional but found those in 2009, 2012 and 2014 in state of unconstitutionality.

65) Prime Minister Yasuhiro Nakasone (right) meets U.S. President Ronald Reagan at White House in Washington on Jan. 18, 1983, vowing to share common destiny and forging a personal relationship based on "Ron-Yasu" first-name terms.

66) Protesters in Tokyo's Shimbashi district denounce on Jan. 22, 1983, Prime Minister Yasuhiro Nakasone's remarks in Washington about turning Japanese archipelago into "unsinkable aircraft carrier."

67) Former Prime Minister Kakuei Tanaka is released on bail on Oct. 12, 1983, after Tokyo District Court sentences him to four years in prison and slaps him with 500 million yen fine in Lockheed payoff scandal. He appealed lower court rulings but died on Dec. 16, 1993, while his case was pending at Supreme Court.

68) Prime Minister Yasuhiro Nakasone visits Yasukuni Shrine in Tokyo on Aug. 15, 1985, on 40th anniversary of end of World War II.

Chapter 4

69) Procession of attendants in centuries-old Japanese court costume accompanies Emperor Hirohito's coffin after funeral in Tokyo's Shinjuku Gyoen National Garden on Feb. 24, 1989. U.S. President George Bush and about 9,800 other foreign and Japanese dignitaries attended funeral.

70) Takako Doi (right), chairwoman of Japan Socialist Party (JSP), pins paper rose to successful candidate name in House of Councillors election on July 23, 1989. Many female JSP candidates won seats while ruling Liberal Democratic Party lost majority in upper house.

71) East and West Germans celebrate fall of Berlin Wall on Nov. 12, 1989, ahead of reunification of their countries in 1990.

72) Floor traders jostle at Tokyo Stock Exchange as Nikkei Stock Average closes at all-time high of 38,915 points on Dec. 29, 1989, last trading day of year, before bubble economy bursts following year.

73) Emperor Akihito participates in 1,000-year-old Shinto ceremony in traditional white attire on Nov. 23, 1990, sealing his accession to Chrysanthemum throne.

74) Oil well in Kuwait burns on Feb. 27, 1991, as U.S.-led coalition forces drive out invading Iraqi troops during Persian Gulf War triggered on Jan. 17, 1991. (Reuters)

75) Minesweepers from Japanese Maritime Self-Defense Force in Persian Gulf head for Dubai on May 26, 1991, after end of Gulf War. War-renouncing Article 9 barred Japan from sending Self-Defense Forces troops to combat zones during war.

76) Soviet citizens halt armored vehicles and tanks in Moscow on Aug. 19, 1991, to protest coup attempt by hard-liners to overthrow President Mikhail Gorbachev. Soviet Union disintegrated in 1991 into Russia and other countries. (AP)

77) Yoshiro Hayashi, chairman of House of Representatives Special Committee on Peacekeeping Operations, reads documents on Nov. 27, 1991 as panel railroads bill to enable Japan to dispatch Self-Defense Forces personnel overseas to help U.N. peacekeeping operations. Japan enacted U.N. Peacekeeping Cooperation Law in 1992.

78) Members of Japanese Self-Defense Forces (SDF) wave to their families and friends aboard Maritime SDF ship at Kure Base in Hiroshima Prefecture on Sept. 17, 1992, before leaving on peacekeeping mission in Cambodia.

79) Coffin of Japanese civilian police officer Haruyuki Takata killed in guerrilla attack in Cambodia arrives at Don Muang Thai Air Force Base in Bangkok on May 5, 1993. He participated in U.N. peacekeeping operations as member of U.N. Transitional Authority in Cambodia.

80) Crown Prince Naruhito and former diplomat Masako Owada pose at Imperial Palace after reporting their marriage to Emperor Akihito and Empress Michiko before setting out for parade to their Togu Palace on June 9, 1993.

81) Members of Japanese Self-Defense Forces engineering unit work to repair port facilities in Sihanoukville in southern Cambodia under guidance of U.N. Transitional Authority in Cambodia on July 9, 1993.

82) Prime Minister Morihiro Hosokawa (right) of Japan New Party shares toast on Aug. 9, 1993, with Deputy Prime Minister and Foreign Minister Tsutomu Hata of Shinseito

party after launching coalition Cabinet also joined by Social Democratic Party, Democratic Socialist Party and United Social Democratic Party.

83) Prime Minister Tomiichi Murayama aboard destroyer reviews Maritime Self-Defense Force fleet in Sagami Bay off Kanagawa Prefecture on Oct. 16, 1994. He became first premier from Japan Socialist Party to declare constitutionality of Self-Defense Forces.

84) Fires engulf Kobe on Jan. 17, 1995, after occurrence of magnitude 7.3 Great Hanshin Earthquake in Hyogo Prefecture and vicinity, which killed more than 6,400 people, injured over 43,000 and damaged some 640,000 houses.

85) Self-Defense Forces members wearing gas masks clean up subway train at Korakuen Station on Marunouchi Line of Teito Rapid Transit Authority (present-day Tokyo Metro) on March 20, 1995, after members of AUM Shinrikyo cult carry out sarin gas attacks on Tokyo subway system, killing 13 people and injuring some 6,300.

86) Left: Yamaichi Securities President Shohei Nozawa tearfully announces closure of major brokerage house due to massive off-the-book losses at Tokyo Stock Exchange on Nov. 24, 1997.

Right: Female employees of Yamaichi Securities pose for souvenir photo in Tokyo's Chuo Ward on Feb. 27, 1998, as 101-year-old brokerage house goes bankrupt.

87) Opponents of legislation recognizing "Hinomaru" and "Kimigayo" as national flag and anthem respectively on July 6, 1999, sing protest song in front of hotel in Naha, Okinawa Prefecture, venue of public hearing on law by House of Representatives Cabinet Committee.

88) Chief Cabinet Secretary Hiromu Nonaka holds news conference next to "Hinomaru" flag at prime minister's office on Aug. 9, 1999, after passage of "Hinomaru"/"Kimigayo" bill into law.

89) Japanese Prime Minister Junichiro Koizumi plays catch with U.S. President George W. Bush after their Camp David summit in Maryland on June 30, 2001.

90) Former members of defunct Imperial Japanese Army and kin of South Koreans drafted into Japanese military during World War II stage sit-in protest in Tokyo against Prime Minister Junichiro Koizumi's visit to Yasukuni Shrine on Aug. 13, 2001.

Chapter 5

91) Terror attacks on World Trade Center complex in New York on Sept. 11, 2001, leave more than 3,000 people dead, prompting U.S. to launch military campaign in Afghanistan in search for Osama bin Laden and Al-Qaeda. (Reuters)

92) U.S. and British forces launch air strikes against government buildings in Baghdad on March 21, 2003, after U.S. President George W. Bush announced start of Iraq War in TV address on March 19.

93) Girl takes photo of her father, member of advance mission of Ground Self-Defense Force bound for Iraq, at Defense Agency on Jan. 16, 2004. In July 2003, Japan adopted law enabling dispatch of SDF members to help rebuild Iraq.

94) Convoy of military vehicles carrying Ground Self-Defense Force personnel arrives in Iraq from Kuwaiton Feb. 8, 2004,

to set up camp in Samawah, southern Iraq.

95) Female members of Ground Self-Defense Force carry rifles at temporary camp in Samawah, southern Iraq, on March 21, 2004. Japan previously sent female SDF members to East Timor from 2002 to 2004 to participate in U.N. peacekeeping operations.

96) During autumn garden party on Oct. 28, 2004, Emperor Akihito and Empress Michiko chat with "shogi" (Japanese chess) master Kunio Yonenaga (right), member of Tokyo Metropolitan Government Board of Education, who says his job is to have schools across Japan hoist "Hinomaru" flags and sing "Kimigayo" (national anthem). Emperor Akihito said such practices should not be compulsory.

97) Lesbian, gay, bisexual and transgender (LGBT) people participate in parade in Tokyo on Aug. 13, 2005, to demand their human and political rights. A decade later, in April 2015, Tokyo's Shibuya Ward started issuing certificates recognizing same-sex partnership as being equivalent to marriage.

98) Prime Minister Junichiro Koizumi (center) visits Yasukuni Shrine in Tokyo on Aug. 15, 2006, on 61st anniversary of World War II's end, becoming first incumbent premier to visit Shinto shrine in 21 years.

Chapter 6

99) Labor union and civil group members stage protest after Japanese parliament enacts bill into law on May 14, 2007, setting referendum procedures for constitutional amendment. The law took effect in May 2010.

100) Mothers and children celebrate on June 4, 2008, after Supreme Court rules unconstitutional Nationality Law provision requiring marriage for citizenship acquisition, granting Japanese nationality to children born to Japanese fathers and Filipino mothers.

101) Prime Minister Yukio Hatoyama (center, front row) and members of his Cabinet prepare for official photos on Sept. 16, 2009, after launching coalition Cabinet of Democratic Party of Japan, Social Democratic Party and People's New Party.

102) Huge tsunami swallows houses in Natori, Miyagi Prefecture, on March 11, 2011, shortly after magnitude 9.0 earthquake hits northeastern Japan at 2:46 p.m. Great East Japan Earthquake, nation's biggest, and subsequent tsunami left 15,894 people dead and 2,557 others missing (official tally as of Sept. 9, 2016). The twin natural disasters triggered Fukushima nuclear accident.

103) Self-Defense Forces members carry dead body found in debris in Kesennuma, Miyagi Prefecture, on March 26, 2011. As many as 107,000 SDF members participated at height of post-disaster search and rescue operations.

104) Cherry blossoms are in full bloom in deserted town of Futaba near crippled Fukushima Daiichi nuclear power plant on April 14, 2011, due to high radiation levels.

105) Aerial photo of stricken Fukushima Daiichi nuclear power plant, taken on April 26, 2011, shows (from foreground) No. 1, No. 2, No. 3 and No. 4 reactors. Great East Japan Earthquake and tsunami cut off electricity supply to Nos. 1-5 out of six reactors. Meltdowns occurred at Nos. 1-3 reactors and hydrogen explosions rocked Nos. 1, 3 and 4 reactors. Severity

of Fukushima Daiichi disaster is rated 7 on International Nuclear Radiological Event Scale, same as Chernobyl nuclear accident in 1986. (Courtesy of Defense Ministry)

106) Chinese surveillance vessel Haijian 66 (right) is closely monitored by two Japan Coast Guard ships after entering Japan's territorial waters in East China Sea near Senkaku Islands on Sept. 24, 2012. Intrusions occurred repeatedly after Japan brought the Senkakus under central government control on Sept. 11.

107) U.S. Marine Corps MV-22 Osprey transport flies over kindergarten in Ginowan, Okinawa Prefecture, on Oct. 1, 2012, before being deployed at Futenma Air Station in this southern city from Iwakuni Air Station in Yamaguchi Prefecture, western Japan.

108) Members of Ground Self-Defense Force participate in their first drop drill of year at Narashino Training Ground in Chiba Prefecture on Jan. 11, 2015, on assumption of retaking captured remote island.

109) (From left) Waseda University professor Yasuo Hasebe, Keio University professor emeritus Setsu Kobayashi and Waseda University professor Eiji Sasada tell House of Representatives Commission on Constitution on June 4, 2015, government-sponsored national security bills allowing Self-Defense Forces to engage in collective self-defense violate postwar pacifist Constitution.

110) People protest security bills near National Diet Building on June 19, 2015.

111) Huge crowd of protesters assembles in front of National Diet Building on Aug. 30, 2015, while lawmakers deliberate controversial security legislation.

112) Security bills are railroaded through House of Councillors special committee amid scuffle between ruling and opposition party lawmakers on Sept. 17, 2015. Upper house enacted them in plenary session on Sept. 19 and new laws took effect on March 29, 2016.

113) Lawyers head for Supreme Court on Oct. 28, 2015, to argue unconstitutionality of vote weight disparity reaching maximum one to 2.13 in 2014 House of Representatives election.

114) About 11,000 people participate in rally at Tokyo's Nippon Budokan arena on Nov. 10, 2015, to call for revising postwar Constitution.

115) Supreme Court rules vote weight disparity in 2014 House of Representatives election in state of unconstitutionality on Nov. 25, 2015, but turns down plaintiffs' demand for nullification of election results.

116) Journalists surround plaintiffs on Dec. 16, 2015, after Supreme Court rules Civil Code six-month remarriage ban for women unconstitutional while finding constitutional another provision requiring married couple to use same surname.

117) U.S. President Barack Obama delivers speech during ceremony at Peace Memorial Park in Hiroshima on May 27, 2016, becoming first incumbent U.S. president to visit A-bombed city.

118) High schoolgirl casts ballot in mock election in National Diet Building on June 18, 2016, just before revised election law lowering minimum voting age to 18 from 20 takes effect and applies to House of Councillors election in July.

119) Big TV screen in Tokyo's Shinjuku Ward shows Emperor Akihito speaking in video message on Aug. 8, 2016, suggesting his readiness to abdicate due to his advanced age.

120) Newspapers in Tokyo's Shibuya Ward on July 11, 2016, report results of House of Councillors election in which ruling Liberal Democratic Party and other parties in favor of revising Constitution won more than two-thirds majority day before.

121) Ground Self-Defense Force member stands guard as part of U.N. peacekeeping operations in Juba, South Sudan, on Nov. 14, 2016, after implementation of security laws in March 2016 giving additional role for SDF peacekeepers to engage in rush-and-rescue missions from December 2016.

122) Prime Minister Shinzo Abe (left) and U.S. President Barack Obama leave podium on Dec. 27, 2016, after making remarks at Pearl Harbor, Hawaii. Abe visited USS Arizona Memorial and offered his condolences.

写真提供 / Photo Credits
共同通信社 / Kyodo News
米議会図書館 / Copyright Unknown, Courtesy of Harry S. Truman Library (no.2)
国立公文書館 / Courtesy of National Archives of Japan (no.13)
中日新聞社相談役 宇治敏彦氏 / Mr. Toshihiko Uji (no.20右)
ＡＰ通信社 / Associated Press (nos.26, 76)
ゲッティイメージズ / Getty Images (p.27左)

憲法と生きた戦後〜施行70年
― 定点観測者としての通信社 ―

展覧会
2017年3月1日〜12日
東京国際フォーラム　ロビー棟ギャラリー

主催
公益財団法人 新聞通信調査会

協力
共同通信社

総合企画
鈴木 元(公益財団法人新聞通信調査会)

写真選定
国分俊英、長谷川隆、田中吉男、石井和行、長谷川和明
鈴木 元、米山司理、岡野久美子(公益財団法人新聞通信調査会)
君波昭治、川上高志、石原耕太(共同通信社)

写真集
発行日
2017年3月1日

編集
公益財団法人新聞通信調査会、共同通信社

執筆
川上高志(章解説・年表)
君波昭治(写真説明)
共同通信社社会部憲法チーム(特集「ここで憲法が生まれた」)

和文英訳
菊田正憲、米山司郎、アンソニー・ヘッド(共同通信社)

制作
印象社

発行人
長谷川和明

発行所
公益財団法人新聞通信調査会
〒100-0011 東京都千代田区内幸町2-2-1 日本プレスセンタービル1階
電話03-3593-1081
http://www.chosakai.gr.jp/

ISBN 978-4-907087-09-8 C0036
©2017　公益財団法人新聞通信調査会／共同通信社
本書の無断複写及び転載は、著作権法上の例外を除き禁じられています

Japan's Postwar Constitution: 70th Anniversary
― A news agency as eyewitness ―

Exhibition
March 1 - 12, 2017
Tokyo International Forum (Lobby Gallery)

Organized by
Japan Press Research Institute

In cooperation with
Kyodo News

Executive Producer
Hajime Suzuki (Japan Press Research Institute)

Photo Selection Board
Toshiei Kokubun, Takashi Hasegawa, Yoshio Tanaka,
Kazuyuki Ishii, Kazuaki Hasegawa, Hajime Suzuki,
Morimasa Yoneyama, Kumiko Okano (Japan Press Research Institute)
Shoji Kiminami, Takashi Kawakami, Kota Ishihara (Kyodo News)

Catalogue
Published on
March 1, 2017

Edited by
Japan Press Research Institute, Kyodo News

Authors
Takashi Kawakami [Chronology and Commentary on Chapters]
Shoji Kiminami [Caption]
Kyodo News City News Section Team [Birthplace of Constitution]

Translated by
Masanori Kikuta, Shiro Yoneyama, Anthony Head (Kyodo News)

Produced by
Insho-sha

Published in 2017 by
Japan Press Research Institute

All right reserved. No part of the contents of this volume may be reproduced in any form whatsoever without the written permission of the publisher.
Copyright © 2017 by Japan Press Research Institute, Kyodo News